CELOTNA KUHARSKA KNJIGA PRAZNIKOV HANUKO

Praznična kuharska knjiga za praznovanje praznika luči. 100 okusnih receptov za tradicionalne in sodobne jedi, prigrizke in sladice za Hanuko

Lidija Košir

Avtorski material ©2023

Vse pravice pridržane

Brez ustreznega pisnega soglasja založnika in lastnika avtorskih pravic te knjige ni mogoče uporabljati ali distribuirati na kakršen koli način, v obliki ali obliki, razen kratkih navedkov, uporabljenih v recenziji. Ta knjiga se ne sme obravnavati kot nadomestilo za zdravniški, pravni ali drug strokovni nasvet.

KAZALO

- KAZALO 3
- UVOD 6
- 1. Torta z jabolčno omako 7
- 2. Govedina in zelje za večerjo 9
- 3. Brokolijeva riževa enolončnica 11
- 4. Latke iz rdeče leče 13
- 5. Špinačne krompirjeve palačinke 15
- 6. Polnozrnate česnove palčke 17
- 7. Hanuka čebulni obročki 19
- 8. Domača kisla smetana 21
- 9. Pomarančno-žajbljev oljčni kolač 23
- 10. Enostavno Sufganiyot 25
- 11. Hannukah Gelt Fudge 27
- 12. Pečena špinača in sir 29
- 13. Masleni metini piškoti 31
- 14. Pražen sladki krompir in sveže fige 33
- 15. Na'ama's fattoush 35
- 16. Baby špinačna solata z datlji in mandlji 37
- 17. Pečeni jajčevci s ocvrto čebulo 39
- 18. Pečena maslena buča z za'atarjem 42
- 19. Fava Bean Kuku 44
- 20. Surova artičoka in zeliščna solata 47
- 21. Mešana fižolova solata 49
- 22. Porove mesne kroglice 51
- 23. Solata Hanuka Koleraba 54
- 24. Koreninasta zelenjavna slatka z labnehom 56
- 25. Ocvrt paradižnik s česnom 58
- 26. Pasirana pesa z jogurtom in za'atarjem 60
- 27. Cvrtki iz blitve 62
- 28. Začinjena čičerika in zelenjavna solata 64
- 29. Chermoula jajčevec z bulgurjem in jogurtom 67
- 30. Ocvrta cvetača s tahinijem 70
- 31. Solata iz pečene cvetače in lešnikov 73
- 32. A'ja (kruhovi ocvrtki) 75
- 33. Ostra korenčkova solata 77
- 34. Hannukah Shakshuka 79
- 35. Butternut Squash & Tahini Namaz 81
- 36. Začinjena solata iz pese, pora in orehov 83
- 37. Zoglenela bamija s paradižnikom 86
- 38. Pečeni jajčevci s semeni granatnega jabolka 88

39. Solata iz peteršilja in ječmena ... 90
40. Krhka solata iz bučk in paradižnika ... 92
41. Tabule ... 95
42. Pražen krompir s karamelo in suhimi slivami ... 98
43. Blitva s tahinijem, jogurtom in maslenimi pinjolami ... 101
44. Hanuka Sabih ... 104
45. Latkes ... 107
46. Hanuka Falafel ... 109
47. Pšenične jagode in blitva z melaso iz granatnega jabolka ... 112
48. Hanuka Balilah ... 114
49. Basmati riž & orzo ... 116
50. Žafranov riž z borovnicami, pistacijo in mešanico zelišč ... 118
51. Basmati in divji riž s čičeriko, ribezom in zelišči ... 120
52. Ječmenova rižota z marinirano feto ... 123
53. Conchiglie z jogurtom, grahom in čilijem ... 126
54. Mejadra ... 128
55. Hanuka Makluba ... 131
56. Kuskus s paradižnikom in čebulo ... 135
57. Juha iz vodne kreše in čičerike z rožno vodo ... 137
58. Vroči jogurt in ječmenova juha ... 140
59. Juha iz fižola in jagnjetine ... 142
60. Juha iz morskih sadežev in koromača ... 145
61. Pistacijeva juha ... 148
62. Zažgani jajčevci & Mograbieh juha ... 151
63. Paradižnikova in kisla juha ... 154
64. Bistra kokošja juha s knajdlahom ... 156
65. Pikantna freekeh juha z mesnimi kroglicami ... 159
66. Z jagnjetino polnjene kutine z granatnim jabolkom in cilantrom ... 162
67. "Torta" iz repe in teletine ... 165
68. Hanuka Polnjena čebula ... 168
69. Hannukah Open Kibbeh ... 171
70. Kubbeh hamusta ... 174
71. Polnjene romanske paprike ... 177
72. Polnjeni jajčevci z jagnjetino in pinjolami ... 180
73. Polnjen krompir ... 183
74. Polnjene artičoke z grahom in koprom ... 186
75. Pečen piščanec s topinamburjem ... 189
76. Poširan piščanec s freekehom ... 191
77. Piščanec s čebulo in kardamomovim rižem ... 194
78. Sesekljana jetra ... 197
79. Žafran piščanec in zeliščna solata ... 200
80. Piščančji sofrito Hannukah ... 203

81. Hannukah Kofta B'siniyah 206
82. Goveje mesne kroglice s fižolom in limono 209
83. Jagnječje mesne kroglice z borovnicami, jogurtom in zelišči 212
84. Burgerji iz purana in bučk z zeleno čebulo in kumino 215
85. Polpettone 218
86. Dušena jajca z jagnjetino, tahinijem in sumakom 222
87. Počasi kuhana teletina s suhimi slivami in porom 225
88. Hannukah Lamb shawarma 228
89. Popečen brancin s harisso in vrtnico 231
90. Ribji in kaprovi ražnjiči z zažganimi jajčevci in limoninimi kumaricami 234
91. Pečene skuše z zlato peso in pomarančno salso 237
92. Polenovke v paradižnikovi omaki 240
93. Ribja nabodala na žaru s hawayejem in peteršiljem 243
94. Frikase solata 246
95. Kozice, pokrovače in školjke s paradižnikom in feto 249
96. Lososovi zrezki v Chraimeh omaki 252
97. Marinirane sladko-kisle ribe 255
98. Galete z rdečo papriko in pečenimi jajci 258
99. Hanuka Brick 261
100. Sfiha ali Lahm Bi'ajeen 263

ZAKLJUČEK 266

UVOD

Dobrodošli v CELOTNA KUHARSKA KNJIGA PRAZNIKOV HANUKO, najboljši kuharski knjigi za praznovanje praznika luči! Hanuka je čas za družino, prijatelje in okusno hrano, in ta kuharska knjiga vsebuje vse, kar potrebujete za pripravo nepozabnih jedi in dobrot, ki bodo navdušile vaše ljubljene.

V tej kuharski knjigi boste našli široko paleto tradicionalnih in sodobnih receptov za hanuko, od klasičnih latkes in brisketov do ustvarjalnih preobratov tradicionalnih priljubljenih jedi, kot sta sufganiyot (žele krofi) in kala. Ne glede na to, ali ste izkušen kuhar ali začetnik v kuhinji, je tem receptom enostavno slediti in vam bodo pomagali ustvariti okusne hanuka obroke, prigrizke in sladice, ki bodo všeč vsem.

Toda Veselje Hanuke je več kot le kuharska knjiga – je praznovanje judovske kulture in tradicije. Skozi knjigo boste spoznali zgodovino in pomen Hanuke, pa tudi zgodbe in tradicije, zaradi katerih je ta praznik tako poseben.

Ne glede na to, ali iščete navdih za svoj jedilnik za Hanuko ali preprosto želite izvedeti več o tem ljubljenem prazniku, je CELOTNA KUHARSKA KNJIGA PRAZNIKOV HANUKO popoln spremljevalec. Začnimo kuhati in praznujmo Praznik luči v stilu!

Hanuka, Festival luči, kuharska knjiga, tradicionalno, moderno, recepti, latkes, brisket, sufganiyot, challah, judovska kultura, tradicija, praznik, jedilnik, navdih, praznovanje..

1. Kolač z jabolčno omako

Dobitek: 16 obrokov

SESTAVINE
- 1/2 skodelice orehov (sesekljanih)
- 1 1/2 skodelice jabolčnega soka
- 1 jajce
- 1 skodelica sladkorja
- 2 žlici olja
- 1 čajna žlička vanilijevega ekstrakta
- 2 skodelici moke (za vse namene)
- 2 žlički sode bikarbone
- 1/2 čajne žličke cimeta (mletega)
- 1/2 čajne žličke muškatnega oreščka (mletega)
- 1 skodelica rozin

NAVODILA

a) Dobro si umijte roke z milom in toplo vodo.
b) Pečico predhodno segrejte na 350 stopinj. Namastite 2 (8x4x2 palca) pekača za hlebce.
c) V nenamaščeni ponvi popečemo orehe. Mešajte med segrevanjem na srednje nizkem ognju 5-7 minut. Končani so, ko porjavijo in dišijo po oreščkih. Odstavimo, da se ohladi.
d) V veliki skledi zmešajte jabolčno omako, jajca, sladkor, olje in vanilijo.
e) V manjši skledi zmešajte moko, sodo bikarbono, cimet in muškatni oreček.
f) Mešanico moke vlijemo v mešanico jabolčne omake.
g) Vmešamo rozine in ohlajene pražene oreščke.
h) V vsak pomaščen pekač vlijemo polovico mase. Pečemo 45-55 minut.
i) Odstranite torte iz pečice. Ohladite 10 minut. Odstranite iz pekačev, da se ohladi. Za najboljši okus pustite torte, da se ohladijo nekaj ur, preden jih postrežete.

2. Govedina in zelje za večerjo

Dobitek: 4 porcije

SESTAVINE
- 1 glava zelenega zelja (oprana in narezana na grižljaj)
- 1 čebula, srednja (sesekljana)
- 1 funt mlete govedine, pusto (15% maščobe)
- pršilo za kuhanje proti prijemanju
- 1 čajna žlička česna v prahu
- 1/4 čajne žličke črnega popra
- sol (po okusu, neobvezno)
- kosmiči rdeče paprike (po okusu, neobvezno)

NAVODILA
a) Zelje in čebulo nasekljamo, odstavimo.
b) V veliki ponvi na srednjem ognju kuhajte mleto govedino, dokler ne porjavi. Odcedite maščobo. Govedino odstavite.
c) Ponev poškropite s pršilom za kuhanje proti prijemanju. Čebulo kuhamo na srednjem ognju do mehkega.
d) K čebuli dodamo zelje in pražimo, dokler zelje ne porjavi.
e) Goveje meso vmešajte v mešanico zelja in čebule.
f) Začinite s česnom v prahu, soljo (neobvezno) in poprom. Zelju dodajte kosmiče rdeče paprike (po želji), če imate radi pekoče.

3. Brokolijeva riževa enolončnica

Dobitek: 12 obrokov

SESTAVINE
- 1 1/2 skodelice riža
- 3 1/2 skodelice vode
- 1 čebula (srednja, sesekljana)
- 1 pločevinka gobove smetane, piščanca ali zelene ali sirove juhe (10 3/4 unč, kondenzirana)
- 1 1/2 skodelice mleka (1%)
- 20 unč brokolija ali cvetače ali mešane zelenjave (zamrznjene, sesekljane)
- 1/2 funta sira (naribanega ali narezanega)
- 3 žlice magarine (ali masla)

NAVODILA
a) Pečico segrejte na 350 stopinj in namastite pekač velikosti 12x9x2 palca.
b) V ponvi zmešajte riž, sol in 3 skodelice vode ter zavrite.
c) Pokrijte in dušite 15 minut. Odstranite ponev z ognja in pustite na stran dodatnih 15 minut.
d) Na margarini (ali maslu) prepražimo čebulo, dokler ni mehka.
e) Zmešajte juho, mleko, 1/2 skodelice vode, čebulo in riž. Mešanico z žlico nadevamo v pekač.
f) Odmrznite in odcedite zelenjavo ter jo porazdelite po riževi mešanici.
g) Sir enakomerno razporedite po vrhu in pecite pri 350 stopinjah 25-30 minut, dokler se sir ne stopi in riž postane mehurček.

4. Latke iz rdeče leče

Dobitek: 4 porcije

SESTAVINE
- 1/2 skodelice suhe rdeče leče
- 1 krompir, srednje nariban (približno 1/2 funta, lupljenje ni obvezno)
- 1 veliko jajce
- 1 strok česna, drobno narezan
- 2 žlici parmezana, naribanega ali drugega sira
- 1 kanček pekoče omake (1-2 kančka, neobvezno)
- 1/4 čajne žličke soli
- črni poper (po okusu, neobvezno)
- 2 žlici kanolinega olja (ali olivnega olja za kuhanje)

NAVODILA
a) Dodajte lečo v srednje veliko ponev in dodajte vodo, da pokrije približno en centimeter. Zavremo, nato zmanjšamo ogenj in kuhamo, dokler se ne zmehča, približno 15 minut. Odcedimo in odstavimo.
b) Medtem iz krompirja odstranite odvečno vodo: lahko ga stisnete za pest ali pa ves kupček položite na čisto kuhinjsko krpo in ga ožemate.
c) Jajce razbijte v srednjo skledo in ga rahlo stepite. Dodajte krompir, kuhano lečo, česen, zeleno čebulo ter sir in pekočo omako, če jih uporabljate v srednje veliki skledi. Dodajte sol in dobro mlet črni poper ter mešajte, dokler se ne združi.
d) Veliko ponev segrejte na zmernem ognju, nato dodajte veliko olja (1-2 žlici). Delajte v serijah, da ne boste pregneteli ponve, dodajte kepe mešanice krompirja in leče (približno velikosti žogice za golf ali nekoliko večje se obnese) in vsako poravnajte takoj, ko je v ponvi, tako da postane približno pol palca debela.
e) Kuhajte približno 4-5 minut na vsako stran, dokler latke niso globoko zlato rjave in kuhane. Za vsako nadaljnjo serijo dodajte malo več olja v ponev. Postrezite takoj ali pustite latkes tople v pečici pri 200 °F do ene ure.

5. Špinačne krompirjeve palačinke

Dobitek: 4 porcije

SESTAVINE
- 2 skodelici buck, naribanih
- 1 srednje velik krompir (olupljen in narezan)
- 1/4 skodelice čebule, drobno sesekljane
- 1/4 čajne žličke soli
- 1/4 skodelice polnozrnate pšenične moke
- 1 1/2 skodelice špinače, sesekljane in poparjene
- 1/2 čajne žličke popra
- 1/4 čajne žličke mletega muškatnega oreščka
- 1 jajce, pretepeno
- jabolčna omaka (neobvezno)

NAVODILA
a) V skledi zmešajte prvih osem sestavin.
b) Vmešajte jajce in dobro premešajte.
c) Testo po 1/4 polne skodelice stresite na dobro pomaščen vroč pekač in ga poravnajte, da oblikujete polpete.
d) Fry do zlato rjave barve; obrnite in kuhajte, dokler druga stran rahlo ne porjavi. Odcedite na papirnatih brisačah in po želji postrezite z jabolčno kašo.

6. Polnozrnate česnove kruhove palčke

Dobitek: 6 obrokov

SESTAVINE:
- 6 rezin kruha (100% polnozrnat)
- 2 žlici olivnega olja
- 1/2 čajne žličke česna v prahu
- 1 italijanska začimba (po potrebi, za posip)

NAVODILA
a) Vsako rezino kruha namažite z eno čajno žličko olja.
b) Potresemo s česnom v prahu in italijanskimi začimbami.
c) Zložite kruh in vsako rezino narežite na 3 enake dele.
d) Pečemo pri 300 stopinjah približno 25 minut ali dokler ne postanejo hrustljavi in rahlo rjavi.

7. Hanuka čebulni obročki

SESTAVINE:
- 3 velike čebule
- 1 skodelica koruznega zdroba
- 1 skodelica moke
- 2 žlički soli
- 1 skodelica jogurta
- 1 skodelica mleka
- Mleta paprika
- Olje za cvrtje

NAVODILA

a) V velikem loncu segrejte približno ¾" olja na 350 °F. V majhni skledi zmešajte mleko in jogurt. V drugi skledi zmešajte koruzni zdrob, moko, sol in poper.
b) Čebuli narežemo in ločimo kolobarje. Kolobarje za nekaj minut namočimo v mešanico mleka in jogurta.
c) Nato obe strani preluknjajte skozi mešanico moke in s kleščami položite obročke v olje. Kolobarje kuhajte, dokler niso čisto zlati.
d) Odstranite na papirnato brisačo in hranite na toplem v pečici pri 200 ° F.

8. Domača kisla smetana

SESTAVINE:
- ¼ skodelice mleka
- 1 skodelica težke smetane
- ¾ čajne žličke destiliranega belega kisa

NAVODILA

a) Zmešajte mleko in kis ter pustite stati 10 minut. Težko smetano nalijte v kozarec.
b) Vmešajte mlečno mešanico, kozarec pokrijte in pustite stati na sobni temperaturi 24 ur.
c) Pred uporabo ohladite.

9. Pomarančno-žajbljev kolač z olivnim oljem

SESTAVINE:
TORTA:
- 4 jajca
- 1 skodelica sladkorja
- ½ skodelice ekstra deviškega oljčnega olja
- ¼ skodelice pomarančnega soka
- 2 žlici pomarančne lupinice
- 1 žlica drobno sesekljanega svežega žajblja
- 1 ½ skodelice večnamenske moke
- 1 žlica pecilnega praška
- ½ čajne žličke soli
- ½ čajne žličke cimeta

POMARANČNA GLADINA:
- 1 skodelica sladkorja v prahu
- 2 žlici pomarančnega soka

NAVODILA

a) Pečico segrejte na 350 ° F in namastite 1 velik pekač za hlebce. V stojnem mešalniku 2 minuti stepajte jajca s sladkorjem, dokler zmes ne postane puhasta. Ko je mešalnik pri nizki temperaturi, pokapljajte oljčno olje in pomarančni sok. Dodamo pomarančno lupinico in liste žajblja.

b) V ločeni skledi za mešanje zmešajte moko, pecilni prašek, sol in cimet.

c) Dodajte suho zmes k mokri v stoječem mešalniku in mešajte, dokler ni gladka.

d) Testo vlijemo v pekač. Torto pečemo 30-35 minut. Torto za 15 minut postavite v pekač, nato pa jo prestavite na rešetko, da se popolnoma ohladi.

e) V skledi mešalnika zmešajte sladkor v prahu in pomarančni sok. Ko se torta ohladi, jo pokapljamo z glazuro in odstavimo, dokler se glazura ne strdi.

10. Enostavno Sufganiyot

SESTAVINE:
- Ena rolada kupljenega biskvitnega testa
- Canola olje, za cvrtje
- Majhna skleda sladkorja, belega ali v prahu
- ½ skodelice marmelade Olje

NAVODILA

a) Testo pustimo stati na sobni temperaturi 20 minut, da ga je enostavno razvaljati.
b) Na pomokani površini razvaljajte testo na debelino ½". Izrežite 2 ½" ali 3" kroge.
c) Napolnite lonec z 2" olja in ga segrejte na 360 ° F.
d) Testo pražite, dokler vsaka stran ni globoko rjava. Preizkusite eno, da se prepričate, da na sredini ni testeno. Krofe prestavimo na papirnato brisačo, odstranimo odvečno maščobo in potresemo s sladkorjem.
e) Napolnite z marmelado s stiskalno steklenico.

11. Hannukah Gelt Fudge

SESTAVINE
- 3 skodelice polsladkih čokoladnih koščkov
- 1 pločevinka sladkanega kondenziranega mleka
- 1 čajna žlička vanilije
- ¼ čajne žličke soli

NAVODILA
a) Zmešajte čokoladne koščke in kondenzirano mleko v skledi in segrevajte v mikrovalovni pečici 1 minuto.
b) Mešajte do gladkega. Če je potrebno več časa, nadaljujte s segrevanjem v mikrovalovni pečici v korakih po 10 sekund.
c) Dodamo vanilijo in sol ter premešamo. Razporedite v posodo, obloženo s povoščenim papirjem. Hladite za ½ ure. Fudge narežemo na želene oblike in zavijemo v folijo.
d) Hladite fudge, dokler ni pripravljen za uživanje.

12. Pečena špinača in sir

SESTAVINE
- Sprej za kuhanje proti prijemanju
- 2 celi jajci plus 2 beljaka
- ¾ skodelice mleka
- 3 rezine enodnevnega lahkega kruha, narezane na majhne trikotnike
- 1 skodelica sveže špinače, drobno sesekljane
- ½ skodelice naribanega parmezana

NAVODILA

a) Pečico segrejte na 350° F. Dno 8-palčnega vzmetnega pekača obložite s papirjem za peko in poškropite s pršilom za kuhanje proti prijemanju. V srednje veliki skledi penasto stepite jajca in beljake.
b) Dodajte mleko, špinačo in sir. Mešajte, da se premeša. Vlijemo v pripravljen pekač.
c) V zmes potopite posušene kruhove trikotnike. Ko jih premažemo z zmesjo, vsak kos dvignemo z vilicami za eno konico, da pokuka na vrhu.
d) Pecite nepokrito, dokler rahlo ne porjavi, približno 20-30 minut.
e) Odstranite iz pečice in ohladite. Zrahljajte robove tako, da z nožem zarežete po zunanji strani. Odstranite iz ponve in položite na toplotno odporen krožnik.

13. Masleni piškoti z meto

SESTAVINE

- 1 skodelica masla, zmehčano
- ½ skodelice slaščičarskega sladkorja
- 1 ½ čajne žličke izvlečka poprove mete
- 1 ¾ skodelice večnamenske moke
- Zeleno obarvan sladkor

NAVODILA

a) V veliki skledi dodajte smetano maslo in slaščičarski sladkor, dokler ne postanejo rahli in puhasti. Stepite v ekstraktu. Postopoma dodajamo moko in dobro premešamo. Žlice testa valjamo v kroglice.

b) Postavite 1" narazen na nenamazane pekače; poravnajte s kozarcem, ki ste ga pomočili v barvni sladkor. Pecite pri 350° F 12-14 minut ali dokler ni čvrsta.

c) Odstranite na rešetke, da se ohladijo. Dobitek: 3 ducate.

14. Pečen sladki krompir in sveže fige

Naredi: 4

SESTAVINE

- 4 majhni sladki krompirji (2¼ lb / 1 kg skupaj)
- 5 žlic oljčnega olja
- 3 žlice / 40 ml balzamičnega kisa (lahko uporabite komercialni in ne premium starani razred)
- 1½ žlice / 20 g najfinejšega sladkorja
- 12 zelenih čebul, prepolovljenih po dolžini in narezanih na 1½-in/4 cm segmente
- 1 rdeč čili, narezan na tanke rezine
- 6 zrelih fig (8½ oz / 240 g skupaj), na četrtine narezane
- 150 g mehkega sira iz kozjega mleka (neobvezno)
- Maldonska morska sol in sveže mlet črni poper

NAVODILA

a) Pečico segrejte na 475°F / 240°C.
b) Sladki krompir operemo, po dolžini razpolovimo in nato vsako polovico ponovno podobno narežemo na 3 dolge rezine. Zmešajte s 3 žlicami olivnega olja, 2 žličkama soli in nekaj črnega popra. Kozice razporedite s kožo navzdol na pekač in jih kuhajte približno 25 minut, dokler niso mehki, vendar ne kašasti. Odstranite iz pečice in pustite, da se ohladi.
c) Za pripravo balzamične redukcije dajte balzamični kis in sladkor v majhno ponev. Zavremo, nato zmanjšamo ogenj in pustimo vreti 2 do 4 minute, dokler se ne zgosti. Ponev odstranite z ognja, ko je kis še bolj tekoč kot med; med ohlajanjem se bo še naprej gostila. Pred serviranjem vmešajte kapljico vode, če postane pregosto za pokapljanje.
d) Sladki krompir razporedite po servirnem krožniku. V srednji ponvi na srednjem ognju segrejte preostalo olje in dodajte zeleno čebulo in čili. Pražite 4 do 5 minut in pogosto mešajte, da se čili ne zažge. Čez sladki krompir z žlico prelijte olje, čebulo in čili. Fige razporedite med rezine in nato pokapajte po balzamični redukciji. Postrezite pri sobni temperaturi. Po vrhu nadrobite sir, če ga uporabljate.

15. Na'ama's fattoush

Naredi: 6

SESTAVINE

- 1 skodelica / 200 g grškega jogurta in ¾ skodelice plus 2 žlici / 200 ml polnomastnega mleka ali 1⅔ skodelice / 400 ml pinjenca (nadomešča tako jogurt kot mleko)
- 2 velika stara turška kruha ali naan (9 oz / 250 g skupaj)
- 3 veliki paradižniki (skupaj 380 g), narezani na 1,5 cm velike kocke
- 100 g redkvice, narezane na tanke rezine
- 3 libanonske ali mini kumare (9 oz / 250 g skupaj), olupljene in narezane na ⅔-palčne / 1,5 cm velike kocke
- 2 zeleni čebuli, narezani na tanke rezine
- 15 g sveže mete
- 25 g ploščatega peteršilja, grobo sesekljanega
- 1 žlica posušene mete
- 2 stroka česna, zdrobljena
- 3 žlice sveže iztisnjenega limoninega soka
- ¼ skodelice / 60 ml oljčnega olja, plus dodatek za pokapljanje
- 2 žlici jabolčnika ali belega vinskega kisa
- ¾ žličke sveže mletega črnega popra
- 1½ žličke soli
- 1 žlica sumaka ali več po okusu, za okras

NAVODILA

a) Če uporabljate jogurt in mleko, začnite vsaj 3 ure in največ en dan vnaprej, tako da oboje postavite v skledo. Dobro premešamo in pustimo na hladnem ali v hladilniku, da se na površini naredijo mehurčki. Dobiš nekakšen domač pinjenec, a manj kisel.

b) Kruh natrgamo na majhne koščke in damo v veliko skledo za mešanje. Dodajte svojo mešanico fermentiranega jogurta ali komercialni pinjenec, nato pa še preostale sestavine, dobro premešajte in pustite 10 minut, da se vsi okusi povežejo.

c) Mastno žlico naložite v servirne sklede, pokapajte z nekaj olivnega olja in izdatno okrasite s sumakom.

16. Baby špinačna solata z datlji in mandlji

Naredi: 4

SESTAVINE
- 1 žlica belega vinskega kisa
- ½ srednje rdeče čebule, narezane na tanke rezine
- 100 g izkoščičenih datljev Medjool, po dolžini narezanih na četrtine
- 2 žlici / 30 g nesoljenega masla
- 2 žlici olivnega olja
- 2 majhni piti, približno 3½ oz/100 g, grobo natrgani na 1½-palčne/4 cm velike kose
- ½ skodelice / 75 g celih nesoljenih mandljev, grobo narezanih
- 2 žlički sumaka
- ½ žličke čilijevih kosmičev
- 5 oz / 150 g listov mlade špinače
- 2 žlici sveže iztisnjenega limoninega soka
- sol

NAVODILA
a) V manjšo skledo dajte kis, čebulo in datlje. Dodajte ščepec soli in dobro premešajte z rokami. Pustite, da se marinira 20 minut, nato odcedite morebitne ostanke kisa in jih zavrzite.

b) Medtem segrejte maslo in polovico oljčnega olja v srednji ponvi na srednjem ognju. Dodajte pito in mandlje ter kuhajte 4 do 6 minut, ves čas mešajte, dokler pita ni hrustljava in zlato rjava. Odstranite z ognja in vmešajte ruj, čilijeve kosmiče in ¼ čajne žličke soli. Odstavimo, da se ohladi.

c) Ko ste pripravljeni za serviranje, vrzite špinačne liste z mešanico pita v veliko skledo za mešanje. Dodamo datlje in rdečo čebulo, preostalo olivno olje, limonin sok in še en ščepec soli. Po okusu začinite in takoj postrezite.

17. Pečeni jajčevci s popraženo čebulo

Naredi: 4

SESTAVINE
- 2 velika jajčevca, prepolovljena po dolžini s pecljem (skupaj približno 1⅔ lb / 750 g)
- ⅔ skodelice / 150 ml oljčnega olja
- 4 čebule (skupaj približno 1¼ lb / 550 g), narezane na tanke rezine
- 1½ zelenega čilija
- 1½ žličke mlete kumine
- 1 žlička sumaka
- 50 g feta sira, nalomljenega na velike kose, 1¾ oz
- 1 srednja limona
- 1 strok česna, zdrobljen
- sol in sveže mlet črni poper

NAVODILA

a) Pečico segrejte na 425°F / 220°C.
b) Prerezano stran vsakega jajčevca zarežite s križnim vzorcem. Odrezane stranice namažite s 6½ žlici / 100 ml olja ter obilno potresite s soljo in poprom. Položite na pekač s prerezano stranjo navzgor in pecite v pečici približno 45 minut, dokler meso ni zlato rjavo in popolnoma pečeno.
c) Medtem ko se jajčevci pečejo, v večjo ponev dodamo preostalo olje in postavimo na močan ogenj. Dodamo čebulo in ½ čajne žličke soli ter med pogostim mešanjem kuhamo 8 minut, da deli čebule postanejo res temni in hrustljavi. Čilije olupite in nasekljajte, tako da je cel ločen od polovice. Dodajte mleto kumino, ruj in cel naseklján čili ter kuhajte še 2 minuti, preden dodate feto. Kuhamo še zadnjo minuto, ne preveč mešamo, nato odstavimo z ognja.
d) Z majhnim nazobčanim nožem odstranite lupino in pečko limone. Meso grobo narežite, odstranite semena, meso in morebitne sokove pa dajte v skledo s preostalo ½ čilija in česnom.
e) Jed sestavite takoj, ko so jajčevci pripravljeni. Pečene polpete prestavimo v servirni krožnik in meso prelijemo z limonino omako. Čebulo malo segrejte in prelijte. Postrezite toplo ali odstavite, da se segreje na sobno temperaturo.

18. Pečena maslena buča z za'atarjem

Naredi: 4
SESTAVINE
- 1 velika maslena buča (skupaj 2½ lb / 1,1 kg), narezana na ¾ krat 2½ palca / 2 x 6 cm velike zagozde
- 2 rdeči čebuli, narezani na 1¼-palčne / 3 cm velike kline
- 3½ žlice / 50 ml oljčnega olja
- 3½ žlice svetle paste tahini
- 1½ žlice limoninega soka
- 2 žlici vode
- 1 majhen strok česna, zdrobljen
- 3½ žlice / 30 g pinjol
- 1 žlica za'atarja
- 1 žlica grobo sesekljanega ploščatega peteršilja
- Maldonska morska sol in sveže mlet črni poper

NAVODILA
a) Pečico segrejte na 475°F / 240°C.
b) Bučo in čebulo dajte v veliko skledo za mešanje, dodajte 3 žlice olja, 1 čajno žličko soli in nekaj črnega popra ter dobro premešajte. Razporedite po pekaču s kožo navzdol in pecite v pečici 30 do 40 minut, dokler se zelenjava ne obarva in skuha. Pazite na čebulo, saj se lahko kuha hitreje kot buča in jo je treba prej odstraniti. Odstranite iz pečice in pustite, da se ohladi.
c) Za pripravo omake dajte tahini v majhno skledo skupaj z limoninim sokom, vodo, česnom in ¼ čajne žličke soli. Mešajte, dokler omaka ni konsistence medu, po potrebi dodajte še vodo ali tahini.
d) Preostalo 1½ čajne žličke olja vlijemo v majhno ponev in postavimo na srednje majhen ogenj. Dodajte pinjole skupaj s ½ čajne žličke soli in kuhajte 2 minuti, pogosto mešajte, dokler oreščki ne postanejo zlato rjavi. Odstranite z ognja in prenesite oreščke in olje v majhno skledo, da ustavite kuhanje.
e) Za serviranje zelenjavo razporedite po velikem servirnem krožniku in pokapajte po tahiniju. Po vrhu potresemo pinjole in njihovo olje, nato pa za'atar in peteršilj.

19. Fava Bean Kuku

Naredi: 6

SESTAVINE
- 1 lb / 500 g fava fižola, svežega ali zamrznjenega
- 5 žlic / 75 ml vrele vode
- 2 žlici najfinejšega sladkorja
- 5 žlic / 45 g posušenih borovnic
- 3 žlice težke smetane
- ¼ žličke žafranove niti
- 2 žlici hladne vode
- 5 žlic oljčnega olja
- 2 srednji čebuli, drobno sesekljani
- 4 stroki česna, zdrobljeni
- 7 velikih jajc proste reje
- 1 žlica večnamenske moke
- ½ žličke pecilnega praška
- 1 skodelica / 30 g sesekljanega kopra
- ½ skodelice / 15 g sesekljane mete
- sol in sveže mlet črni poper

NAVODILA
a) Pečico segrejte na 350°F / 180°C. Fava fižol dajte v ponev z veliko vrele vode. Kuhajte 1 minuto, odcedite, osvežite pod hladno vodo in odstavite.

b) V srednje veliko skledo nalijte 5 žlic / 75 ml vrele vode, dodajte sladkor in mešajte, da se raztopi. Ko je ta sirup mlačen, dodajte borovnice in jih pustite približno 10 minut, nato jih odcedite.

c) V majhni kozici zavremo smetano, žafran in hladno vodo. Takoj odstavite z ognja in pustite stati 30 minut, da se napolni.

d) Segrejte 3 žlice olivnega olja na zmernem ognju v 10-palčni / 25 cm neprepustni ponvi za cvrtje, ki jo imate s pokrovom. Dodamo čebulo in med občasnim mešanjem pražimo približno 4 minute, nato dodamo česen in kuhamo ter mešamo še 2 minuti. Vmešajte fava fižol in odstavite.

e) V veliki posodi za mešanje dobro stepite jajca, dokler niso penasta. Dodamo moko, pecilni prašek, žafranovo smetano, zelišča, 1½ čajne žličke soli in ½ čajne žličke popra ter dobro premešamo. Nazadnje vmešajte še borovnice in mešanico fižola in čebule.

f) Ponev obrišite, dodajte preostalo olivno olje in postavite v pečico za 10 minut, da se dobro segreje. Jajčno mešanico vlijemo v vročo ponev, pokrijemo s pokrovko in pečemo 15 minut. Odstranite pokrov in pecite še 20 do 25 minut, dokler se jajca ravno ne strdijo. Odstranite iz pečice in pustite počivati 5 minut, preden jo obrnete na servirni krožnik. Postrezite toplo ali pri sobni temperaturi.

Solata iz surove artičoke in zelišč

20. Surova solata iz artičok in zelišč

Naredi: 2

SESTAVINE
- 2 ali 3 velike krogle artičok (1½ lb / 700 g skupaj)
- 3 žlice sveže iztisnjenega limoninega soka
- 4 žlice olivnega olja
- 2 skodelici / 40 g rukole
- ½ skodelice / 15 g natrganih listov mete
- ½ skodelice / 15 g natrganih listov cilantra
- 30 g sira pecorino toscano ali romano, tanko naribanega
- Maldonska morska sol in sveže mlet črni poper

NAVODILA
a) Pripravite skledo vode, pomešane s polovico limoninega soka. Odstranite steblo 1 artičoke in odstranite trde zunanje liste. Ko dosežete mehkejše, blede liste, z velikim, ostrim nožem prerežite cvet tako, da vam ostane spodnja četrtina. Z majhnim, ostrim nožem ali lupilcem za zelenjavo odstranite zunanje plasti artičoke, dokler ni izpostavljena osnova ali dno. Postrgamo dlakavi "čok" in osnovo damo v nakisano vodo. Preostanek zavrzite in ponovite z drugimi artičokami.

b) Artičoke odcedimo in osušimo s papirnatimi brisačkami. Z mandolino ali velikim, ostrim nožem narežite artičoke na kot papir tanke rezine in jih prenesite v veliko skledo za mešanje. Stisnite preostali limonin sok, dodajte oljčno olje in dobro premešajte, da se prekrije. Artičoke lahko pustite nekaj ur, če želite, na sobni temperaturi. Ko ste pripravljeni za serviranje, artičokam dodajte rukolo, meto in koriander ter začinite z izdatno ¼ čajne žličke soli in veliko sveže mletega črnega popra.

c) Nežno premešajte in razporedite po servirnih krožnikih. Okrasite z ostružki pekorina.

21. Mešana fižolova solata

Naredi: 4

SESTAVINE

- 10 oz / 280 g rumenega fižola, narezanega (če ni na voljo, podvojite količino stročjega fižola)
- 10 oz / 280 g zelenega fižola, narezanega
- 2 rdeči papriki, narezani na ¼-palčne / 0,5 cm trakove
- 3 žlice oljčnega olja in 1 žlička za papriko
- 3 stroki česna, na tanko narezani
- 6 žlic / 50 g kaper, oplaknjenih in osušenih
- 1 žlička kuminovih semen
- 2 žlički koriandrovih semen
- 4 zelene čebule, narezane na tanke rezine
- ⅓ skodelice / 10 g pehtrana, grobo sesekljanega
- ⅔ skodelice / 20 g nabranih listov čebulice (ali mešanice nabranega kopra in sesekljanega peteršilja)
- naribana lupinica 1 limone
- sol in sveže mlet črni poper

NAVODILA

a) Pečico segrejte na 450°F / 220°C.
b) Zavremo večjo ponev z veliko vode in dodamo rumeni fižol. Po 1 minuti dodajte stročji fižol in kuhajte še 4 minute oziroma dokler ni fižol kuhan, a še vedno hrustljav. Osvežite pod ledeno mrzlo vodo, odcedite, posušite in dajte v veliko skledo za mešanje.
c) Medtem papriko stresite v 1 čajno žličko olja, razporedite po pekaču in postavite v pečico za 5 minut ali dokler se ne zmehča. Odstranite iz pečice in dodajte v skledo s kuhanim fižolom.
d) V majhni kozici segrejte 3 žlice oljčnega olja. Dodajte česen in kuhajte 20 sekund; dodamo kapre (pozor, pljuvajo!) in pražimo še 15 sekund. Dodamo kumino in koriandrova semena ter pražimo še 15 sekund. Česen bi že moral pozlateti. Odstavimo z ognja in vsebino ponve takoj prelijemo k fižolu. Premešajte in dodajte zeleno čebulo, zelišča, limonino lupinico, izdatno ¼ čajne žličke soli in črni poper.
e) Postrezite ali hranite v hladilniku do en dan. Pred serviranjem ne pozabite ponovno segreti na sobno temperaturo.

22. Porove mesne kroglice

Naredi: 4 KOT ZAČETNIK
SESTAVINE
- 6 velikih narezanih por (skupaj približno 1¾ lb / 800 g)
- 9 oz / 250 g mlete govedine
- 1 skodelica / 90 g krušnih drobtin
- 2 veliki jajci proste reje
- 2 žlici sončničnega olja
- ¾ do 1¼ skodelice / 200 do 300 ml piščančje juhe
- ⅓ skodelice / 80 ml sveže iztisnjenega limoninega soka (približno 2 limoni)
- ⅓ skodelice / 80 g grškega jogurta
- 1 žlica drobno sesekljanega ploščatega peteršilja
- sol in sveže mlet črni poper

NAVODILA

a) Por narežite na ¾-palčne / 2 cm rezine in jih kuhajte na pari približno 20 minut, dokler niso popolnoma mehki. Odcedite in pustite, da se ohladi, nato s kuhinjsko krpo iztisnite preostalo vodo. Por obdelajte v kuhinjskem robotu tako, da nekajkrat pretresete, da se dobro naseklja, a ne postane kašasta. Por dajte v veliko skledo za mešanje skupaj z mesom, krušnimi drobtinami, jajci, 1¼ čajne žličke soli in 1 čajno žličko črnega popra. Mešanico oblikujte v ploščate polpete, velike približno 2¾ krat ¾ palca / 7 krat 2 cm – to bi jih moralo biti 8. Hladite 30 minut.

b) V veliki ponvi z debelim dnom, za katero imate pokrov, segrejte olje na srednje močnem ognju. Polpete prepražimo na obeh straneh do zlato rjave barve; to je mogoče storiti v serijah, če je potrebno.

c) Pekač obrišemo s papirnato brisačo in nato na dno položimo mesne kroglice, po potrebi jih rahlo prekrivamo. Zalijemo s toliko jušne osnove, da polpete skoraj prekrije, vendar ne povsem. Dodajte limonin sok in ½ čajne žličke soli. Zavremo, nato pokrijemo in pustimo lahno vreti 30 minut. Odstranite pokrov in po potrebi kuhajte še nekaj minut, dokler skoraj vsa tekočina ne izhlapi. Ponev odstavimo z ognja in odstavimo, da se ohladi.

d) Mesne kroglice postrezite samo tople ali pri sobni temperaturi, s kančkom jogurta in potresenim peteršiljem.

23. **Hanuka**Solata s kolerabico

Naredi: 4

SESTAVINE
- 3 srednje velike kolerabice (1⅔ lb / 750 g skupaj)
- ⅓ skodelice / 80 g grškega jogurta
- 5 žlic / 70 g kisle smetane
- 3 žlice mascarpone sira
- 1 majhen strok česna, zdrobljen
- 1½ žličke sveže iztisnjenega limoninega soka
- 1 žlica oljčnega olja
- 2 žlici drobno narezane sveže mete
- 1 žlička posušene mete
- približno 12 vejic / 20 g mlade vodne kreše
- ¼ žličke sumaka
- sol in beli poper

NAVODILA
a) Kolerabo olupimo, narežemo na 1,5 cm velike kocke in damo v veliko skledo za mešanje. Odstavimo in naredimo preliv.

b) V srednje veliko skledo dajte jogurt, kislo smetano, mascarpone, česen, limonin sok in olivno olje. Dodajte ¼ čajne žličke soli in zdravo mletega popra ter mešajte, dokler ni gladka. Kolerabi dodamo preliv, nato svežo in posušeno meto ter polovico vodne kreše.

c) Nežno premešajte, nato pa položite na servirni krožnik. Po vrhu potresemo preostalo vodno krešo in potresemo s sumakom.

24. Koreninasta zelenjavna slana z labnehom

Naredi: 6

SESTAVINE
- 3 srednje velike pese (1 lb / 450 g skupaj)
- 2 srednje velika korenčka (9 oz / 250 g skupaj)
- ½ korenine zelene (10 oz / 300 g skupaj)
- 1 srednja koleraba (9 oz / 250 g skupaj)
- 4 žlice sveže iztisnjenega limoninega soka
- 4 žlice olivnega olja
- 3 žlice šerijevega kisa
- 2 žlički najfinejšega sladkorja
- ¾ skodelice / 25 g listov cilantra, grobo narezanih
- ¾ skodelice / 25 g listov mete, narezanih
- ⅔ skodelice / 20 g listov ploščatega peteršilja, grobo sesekljanih
- ½ žlice naribane limonine lupinice
- 1 skodelica / 200 g labneha (kupljen v trgovini ozglej recept)
- sol in sveže mlet črni poper
- Olupite vso zelenjavo in jo narežite na tanke rezine, približno 1/16 majhnega pekočega čilija, drobno narezanega

NAVODILA

a) V majhno ponev dajte limonin sok, olivno olje, kis, sladkor in 1 čajno žličko soli. Pustite na rahlo vreti in mešajte, dokler se sladkor in sol ne raztopita. Odstranite z ognja.

b) Zelenjavne trakove odcedimo in preložimo na papirnato brisačo, da se dobro posušijo. Posodo posušite in zamenjajte zelenjavo. Vroč preliv prelijemo čez zelenjavo, dobro premešamo in pustimo, da se ohladi. Postavimo v hladilnik za vsaj 45 minut.

c) Ko ste pripravljeni za serviranje, dodajte solati zelišča, limonino lupinico in 1 čajno žličko črnega popra. Dobro premešajte, okusite in po potrebi dodajte več soli. Naložite na servirne krožnike in postrezite z nekaj labneha ob strani.

25. Pečen paradižnik s česnom

Naredi: 6

SESTAVINE
- 3 srednje velike pese (1 lb / 450 g skupaj)
- 2 srednje velika korenčka (9 oz / 250 g skupaj)
- ½ korenine zelene (10 oz / 300 g skupaj)
- 1 srednja koleraba (9 oz / 250 g skupaj)
- 4 žlice sveže iztisnjenega limoninega soka
- 4 žlice olivnega olja
- 3 žlice šerijevega kisa
- 2 žlički najfinejšega sladkorja
- ¾ skodelice / 25 g listov cilantra, grobo narezanih
- ¾ skodelice / 25 g listov mete, narezanih
- ⅔ skodelice / 20 g listov ploščatega peteršilja, grobo sesekljanih
- ½ žlice naribane limonine lupinice
- 1 skodelica / 200 g labneha (kupljen v trgovini ozglej recept)
- sol in sveže mlet črni poper
- Olupite vso zelenjavo in jo narežite na tanke rezine, približno 1/16 majhnega pekočega čilija, drobno narezanega

NAVODILA
a) V majhno ponev dajte limonin sok, olivno olje, kis, sladkor in 1 čajno žličko soli. Pustite na rahlo vreti in mešajte, dokler se sladkor in sol ne raztopita. Odstranite z ognja.
b) Zelenjavne trakove odcedimo in preložimo na papirnato brisačo, da se dobro posušijo. Posodo posušite in zamenjajte zelenjavo. Vroč preliv prelijemo čez zelenjavo, dobro premešamo in pustimo, da se ohladi. Postavimo v hladilnik za vsaj 45 minut.
c) Ko ste pripravljeni za serviranje, dodajte solati zelišča, limonino lupinico in 1 čajno žličko črnega popra. Dobro premešajte, okusite in po potrebi dodajte več soli. Naložite na servirne krožnike in postrezite z nekaj labneha ob strani.

25. Pečen paradižnik s česnom

Naredi: 2 do 4

SESTAVINE
- 3 veliki stroki česna, zdrobljeni
- ½ majhnega pekočega čilija, drobno sesekljanega
- 2 žlici sesekljanega ploščatega peteršilja
- 3 veliki, zreli, a čvrsti paradižniki (skupaj približno 1 lb / 450 g)
- 2 žlici olivnega olja
- Maldonska morska sol in sveže mlet črni poper
- kmečki kruh, za postrežbo

NAVODILA
a) Zmešajte česen, čili in sesekljan peteršilj v majhni skledi in odstavite. Paradižnik na vrhu in na repu ter navpično narežite na približno ⅔ palca/1,5 cm debele rezine.
b) V veliki ponvi na srednjem ognju segrejte olje. Dodamo rezine paradižnika, začinimo s soljo in poprom ter kuhamo približno 1 minuto, nato obrnemo, ponovno začinimo s soljo in poprom ter potresemo s česnovo mešanico. Nadaljujte s kuhanjem še kakšno minuto, občasno pretresite ponev, nato rezine ponovno obrnite in kuhajte še nekaj sekund, dokler niso mehke, a ne kašaste.
c) Paradižnike zvrnemo na servirni krožnik, prelijemo s sokom iz pekača in takoj postrežemo skupaj s kruhom.

26. Pasirana pesa z jogurtom in za'atarjem

Naredi: 6

SESTAVINE
- 2 lb / 900 g srednje velike pese (približno 1 lb / 500 g skupaj po kuhanju in lupljenju)
- 2 stroka česna, zdrobljena
- 1 majhen rdeč čili, brez semen in drobno narezan
- zaokroženo 1 skodelica / 250 g grškega jogurta
- 1½ žlice datljevega sirupa
- 3 žlice olivnega olja, plus dodatek za zaključek jedi
- 1 žlica za'atarja
- sol
- ZA OKRASITEV
- 2 zeleni čebuli, narezani na tanke rezine
- 2 žlici / 15 g praženih lešnikov, grobo zdrobljenih
- 60 g mehkega sira iz kozjega mleka, zdrobljenega

NAVODILA
a) Pečico segrejte na 400°F / 200°C.
b) Peso operemo in položimo v pekač. Postavite jih v pečico in kuhajte nepokrite, dokler nož zlahka ne zdrsne v sredino, približno 1 uro. Ko so dovolj ohlajene, jih olupimo in vsako narežemo na približno 6 kosov. Pustite, da se ohladi.
c) Peso, česen, čili in jogurt dajte v kuhinjski robot in zmešajte v gladko pasto. Prenesite v veliko skledo za mešanje in vmešajte datljev sirup, oljčno olje, za'atar in 1 čajno žličko soli. Poskusite in dodajte več soli, če želite.
d) Mešanico prenesite na raven servirni krožnik in jo s hrbtno stranjo žlice razporedite po krožniku. Po vrhu potresemo zeleno čebulo, lešnike in sir ter na koncu pokapljamo z malo olja. Postrezite pri sobni temperaturi.

27. Cvrtki iz blitve

Naredi: 4 KOT ZAČETNIK

SESTAVINE

- 14 oz / 400 g listov blitve, odstranjenih belih pecljev
- 1 oz / 30 g ploščatega peteršilja
- ⅔ oz / 20 g cilantra
- ⅔ oz / 20 g kopra
- 1½ žličke naribanega muškatnega oreščka
- ½ žličke sladkorja
- 3 žlice večnamenske moke
- 2 stroka česna, zdrobljena
- 2 veliki jajci proste reje
- 80 g feta sira, nalomljenega na majhne koščke
- 4 žlice / 60 ml olivnega olja
- 1 limona, narezana na 4 rezine
- sol in sveže mlet črni poper

NAVODILA

a) Večjo ponev osoljene vode zavremo, dodamo blitvo in pustimo vreti 5 minut. Liste odcedimo in jih dobro ožamemo, da se popolnoma posušijo. Dajte v kuhinjski robot skupaj z zelišči, muškatnim oreščkom, sladkorjem, moko, česnom, jajci, velikodušno ¼ čajne žličke soli in nekaj črnega popra. Stepajte do gladkega in nato z roko prepognite feto skozi mešanico.

b) V srednjo ponev vlijemo 1 žlico olja. Postavimo na srednje močan ogenj in z žlico dodamo zvrhano žlico zmesi za vsak cvrtjek. Nežno pritisnite, da dobite 2¾ palca / 7 cm širok in ⅜ palca / 1 cm debel. Naenkrat bi morali spraviti približno 3 ocvrtke. Ocvrtke skupaj enkrat obrnite 3 do 4 minute, dokler se ne obarvajo.

c) Prenesite na papirnate brisače, nato pa vsako serijo hranite na toplem, medtem ko kuhate preostalo mešanico in po potrebi dodajte preostalo olje. Takoj postrezite z rezinami limone.

28. Začinjena čičerika in zelenjavna solata

Naredi: 4

SESTAVINE

- ½ skodelice / 100 g posušene čičerike
- 1 žlička sode bikarbone
- 2 majhni kumari (10 oz / 280 g skupaj)
- 2 velika paradižnika (10½ oz / 300 g skupaj)
- 8½ oz / 240 g redkvice
- 1 rdeča paprika, brez semen in reber
- 1 manjša rdeča čebula, olupljena
- ⅔ oz / 20 g listov in stebel cilantra, grobo narezanih
- ½ oz / 15 g ploščatega peteršilja, grobo sesekljanega
- 6 žlic / 90 ml olivnega olja
- naribana lupinica 1 limone in 2 žlici soka
- 1½ žlice šerijevega kisa
- 1 strok česna, zdrobljen
- 1 žlička najfinejšega sladkorja
- 1 žlička mletega kardamoma
- 1½ žličke mletega pimenta
- 1 žlička mlete kumine
- grški jogurt (neobvezno)
- sol in sveže mlet črni poper

NAVODILA

a) Posušeno čičeriko čez noč namočite v veliki skledi z veliko hladne vode in sodo bikarbono. Naslednji dan odcedimo, damo v veliko ponev in prelijemo z vodo, ki je dvakrat večja od volumna čičerike. Zavremo in kuhamo, pri čemer posnamemo morebitno peno, približno eno uro, dokler se popolnoma ne zmehča, nato odcedimo.

b) Kumaro, paradižnik, redkev in papriko narežite na ⅔-palčne / 1,5 cm velike kocke; čebulo narežite na 0,5 cm velike kocke. Vse skupaj zmešajte v skledi s cilantrom in peteršiljem.

c) V kozarcu ali posodi, ki jo je mogoče zapreti, zmešajte 5 žlic / 75 ml oljčnega olja, limonin sok in lupinico, kis, česen in sladkor ter

dobro premešajte, da nastane preliv, nato pa po okusu začinite s soljo in poprom. Preliv prelijemo čez solato in rahlo premešamo.
d) Zmešajte kardamom, piment, kumino in ¼ čajne žličke soli ter razporedite po krožniku. Kuhano čičeriko v nekaj obrokih stresite v mešanico začimb, da se dobro prekrije. V ponvi na zmernem ognju segrejemo preostalo olivno olje in na njem 2 do 3 minute rahlo pražimo čičeriko, ponev rahlo stresamo, da se enakomerno skuha in ne sprime. Obdrži toplo.
e) Solato razdelite na štiri krožnike in jo razporedite v velik krog, nanjo pa z žlico naložite toplo začinjeno čičeriko, rob solate naj bo čist. Po vrhu lahko pokapljate z grškim jogurtom, da bo solata kremasta.

29. Chermoula jajčevec z bulgurjem in jogurtom

Naredi: 4 KOT GLAVNA JED

SESTAVINE

- 2 stroka česna, zdrobljena
- 2 žlički mlete kumine
- 2 žlički mletega koriandra
- 1 žlička čilijevih kosmičev
- 1 žlička sladke paprike
- 2 žlici drobno sesekljane konzervirane limonine lupine (kupljene v trgovini ozglej recept)
- ⅔ skodelice / 140 ml oljčnega olja, plus dodatek za zaključek
- 2 srednja jajčevca
- 1 skodelica / 150 g finega bulgurja
- ⅔ skodelice / 140 ml vrele vode
- ⅓ skodelice / 50 g zlatih rozin
- 3½ žlice / 50 ml tople vode
- ⅓ oz/10 g cilantra, sesekljanega, plus dodatek za zaključek
- ⅓ oz / 10 g mete, sesekljane
- ⅓ skodelice / 50 g razpolovljenih zelenih oliv brez koščic
- ⅓ skodelice / 30 g narezanih mandljev, opečenih
- 3 zelene čebule, sesekljane
- 1½ žlice sveže iztisnjenega limoninega soka
- ½ skodelice / 120 g grškega jogurta
- sol

NAVODILA

a) Pečico segrejte na 400°F / 200°C.
b) Če želite narediti čermulo, v majhni skledi zmešajte česen, kumino, koriander, čili, papriko, konzervirano limono, dve tretjini oljčnega olja in ½ čajne žličke soli.
c) Jajčevce po dolgem prerežemo na pol. Meso vsake polovice zarežite z globokimi diagonalnimi križnimi zarezami, pri čemer pazite, da ne prebodite kože. Čez vsako polovico z žlico položite čermulo, jo enakomerno porazdelite in položite na pekač s

prerezano stranjo navzgor. Damo v pečico in pečemo 40 minut oziroma dokler se jajčevci popolnoma ne zmehčajo.
d) Medtem dajte bulgur v veliko skledo in ga prelijte z vrelo vodo.
e) Rozine namočimo v topli vodi. Po 10 minutah rozine odcedimo in jih dodamo k bulgurju, skupaj s preostalim oljem. Dodajte zelišča, olive, mandlje, zeleno čebulo, limonin sok in ščepec soli ter premešajte, da se združi. Poskusite in po potrebi dodajte še sol.
f) Jajčevce postrezite tople ali pri sobni temperaturi. Na vsak krožnik položite ½ jajčevca s prerezano stranjo navzgor. Na vrh z žlico položite bulgur in pustite, da nekaj pade z obeh strani. Prelijte z malo jogurta, potresite s cilantrom in na koncu pokapajte z oljem.

30. Ocvrta cvetača s tahinijem

Naredi: 6

SESTAVINE

- 2 skodelici / 500 ml sončničnega olja
- 2 srednji glavi cvetače (skupaj 2¼ lb / 1 kg), razdeljeni na majhne cvetove
- 8 zelenih čebul, vsaka razdeljena na 3 dolge segmente
- ¾ skodelice / 180 g svetle paste tahini
- 2 stroka česna, zdrobljena
- ¼ skodelice / 15 g ploščatega peteršilja, sesekljanega
- ¼ skodelice / 15 g sesekljane mete, plus dodatek za zaključek
- ⅔ skodelice / 150 g grškega jogurta
- ¼ skodelice / 60 ml sveže iztisnjenega limoninega soka in naribana lupinica 1 limone
- 1 žlička melase iz granatnega jabolka, plus dodatek za zaključek
- približno ¾ skodelice / 180 ml vode
- Maldonska morska sol in sveže mlet črni poper

NAVODILA

a) V veliki ponvi na srednje močnem ognju segrejte sončnično olje. S kovinsko kleščo ali kovinsko žlico previdno polagajte po nekaj cvetov cvetače na olje in jih kuhajte 2 do 3 minute ter jih obračajte, da se enakomerno obarvajo. Ko so zlato rjavi, z žlico z režami dvignite cvetove v cedilo, da se odcedijo. Potresemo z malo soli. Nadaljujte v serijah, dokler ne porabite vse cvetače. Nato v serijah pražite zeleno čebulo, vendar le približno 1 minuto. Dodamo k cvetači. Pustimo, da se oboje malo ohladi.

b) Tahini pasto vlijemo v veliko posodo za mešanje in dodamo česen, sesekljana zelišča, jogurt, limonin sok in lupinico, melaso granatnega jabolka ter nekaj soli in popra. Med dodajanjem vode dobro premešajte z leseno žlico. Tahini omaka se bo zgostila in nato zrahljala, ko dodate vodo. Ne dodajajte preveč, le toliko, da dobite gosto, a gladko, tekočo konsistenco, malo podobno medu.

c) Tahiniju dodajte cvetačo in zeleno čebulo ter dobro premešajte. Okusite in prilagodite začimbe. Morda boste želeli dodati še več limoninega soka.

d) Za serviranje dajte žlico v servirno skledo in na koncu dodajte nekaj kapljic melase iz granatnega jabolka in nekaj mete.

31. Solata iz pečene cvetače in lešnikov

Naredi: 2 DO 4

SESTAVINE

- 1 glava cvetače, razrezana na majhne cvetke (skupaj 1½ lb / 660 g)
- 5 žlic oljčnega olja
- 1 veliko steblo zelene, narezano pod kotom na ¼-palčne / 0,5 cm rezine (⅔ skodelice / 70 g skupaj)
- 5 žlic / 30 g lešnikov, z lupinami
- ⅓ skodelice / 10 g majhnih ploščatolistnih listov peteršilja, nabranih
- ⅓ skodelice / 50 g semen granatnega jabolka (od približno ½ srednje velikega granatnega jabolka)
- velikodušno ¼ žličke mletega cimeta
- velikodušno ¼ žličke mletega pimenta
- 1 žlica šerijevega kisa
- 1½ žličke javorjevega sirupa
- sol in sveže mlet črni poper

NAVODILA

a) Pečico segrejte na 425°F / 220°C.
b) Cvetačo zmešajte s 3 žlicami olivnega olja, ½ čajne žličke soli in nekaj črnega popra. Razporedite v pekač in pecite na zgornji rešetki pečice 25 do 35 minut, dokler cvetača ne postane hrustljava in njeni deli postanejo zlato rjavi. Prenesite v veliko skledo za mešanje in pustite, da se ohladi.
c) Zmanjšajte temperaturo pečice na 325 °F / 170 °C. Lešnike razporedimo po pekaču, obloženem s peki papirjem, in pražimo 17 minut.
d) Pustite, da se oreščki nekoliko ohladijo, nato pa jih grobo nasekljajte in dodajte cvetači skupaj s preostalim oljem in ostalimi sestavinami. Premešamo, okusimo in ustrezno začinimo s soljo in poprom. Postrezite pri sobni temperaturi.

32. A'ja (kruhovi ocvrtki)

Naredi: PRIBLIŽNO 8 CVITKOV

SESTAVINE

- 4 rezine belega kruha, odstranjene skorje (3 oz / 80 g skupaj)
- 4 zelo velika jajca iz proste reje
- 1½ žličke mlete kumine
- ½ žličke sladke paprike
- ¼ žličke kajenskega popra
- 25 g drobnjaka, sesekljanega
- 25 g ploščatega peteršilja, sesekljanega
- ⅓ oz / 10 g sesekljanega pehtrana
- 40 g feta sira, zdrobljenega
- sončnično olje, za cvrtje
- sol in sveže mlet črni poper

NAVODILA

a) Kruh za 1 minuto namočimo v veliko hladne vode, nato ga dobro ožamemo.
b) Namočen kruh nadrobite v srednje veliko skledo, nato dodajte jajca, začimbe, ½ čajne žličke soli in ¼ čajne žličke popra ter dobro premešajte. Zmešajte sesekljana zelišča in feto.
c) V srednji ponvi na srednje močnem ognju segrejte 1 žlico olja. Na sredino ponve za vsak ocvrt vlijte približno 3 žlice mešanice in jo poravnajte s spodnjo stranjo žlice; ocvrtki naj bodo debeli od ¾ do 1¼ palcev/2 do 3 cm. Cvrtke cvremo 2 do 3 minute na vsaki strani, da zlato rjavo zarumenijo. Ponovite s preostalim testom. Dobiti bi moralo približno 8 ocvrtkov.
d) Lahko pa ocvrete vse testo naenkrat, kot bi ocvreli veliko omleto. Narežemo in postrežemo toplo ali pri sobni temperaturi.

33. Pikantna korenčkova solata

Naredi: 4

SESTAVINE

- 6 velikih korenčkov, olupljenih (približno 1½ lb / 700 g skupaj)
- 3 žlice sončničnega olja
- 1 velika čebula, drobno sesekljana (2 skodelici / 300 g skupaj)
- 1 žlicaPilpelchumaali 2 žlici harise (kupljene ozglej recept)
- ½ žličke mlete kumine
- ½ žličke kuminih semen, sveže mletih
- ½ žličke sladkorja
- 3 žlice jabolčnega kisa
- 1½ skodelice / 30 g listov rukole
- sol

NAVODILA

a) Korenje dajte v veliko ponev, pokrijte z vodo in zavrite. Zmanjšajte ogenj, pokrijte in kuhajte približno 20 minut, dokler se korenje ravno ne zmehča. Odcedite in, ko je dovolj ohlajen za rokovanje, narežite na ¼-palčne / 0,5 cm rezine.

b) Medtem ko se korenje kuha, v veliki ponvi segrejemo polovico olja. Dodajte čebulo in kuhajte na zmernem ognju 10 minut, dokler ni zlato rjava.

c) Prepraženo čebulo stresite v večjo posodo za mešanje in dodajte pilpelchumo, kumino, kumino, ¾ čajne žličke soli, sladkor, kis in preostalo olje. Dodajte korenje in dobro premešajte. Pustite na strani vsaj 30 minut, da okusi dozorijo.

d) Solato razporedite po velikem krožniku in jo sproti posujte z rukolo.

34. **Hanuka**Shakshuka

Naredi: 2 DO 4

SESTAVINE

- 2 žlici olivnega olja
- 2 žliciPilpelchumaali harissa (kupljena v trgovini ozglej recept)
- 2 žlički paradižnikove paste
- 2 veliki rdeči papriki, narezani na ¼-palčne / 0,5 cm velike kocke (2 skodelici / 300 g skupaj)
- 4 stroki česna, drobno sesekljani
- 1 žlička mlete kumine
- 5 velikih, zelo zrelih paradižnikov, narezanih (5 skodelic / 800 g skupaj); v pločevinkah so tudi v redu
- 4 velika jajca iz proste reje in 4 rumenjaki
- ½ skodelice / 120 g labneha (kupljenega ozglej recept) ali gostega jogurta
- sol

NAVODILA

a) V veliki ponvi na zmernem ognju segrejte oljčno olje in dodajte pilpelchumo ali harisso, paradižnikovo pasto, papriko, česen, kumino in ¾ čajne žličke soli. Premešamo in na srednjem ognju kuhamo približno 8 minut, da se paprika zmehča. Dodamo paradižnik, pustimo vreti in kuhamo še 10 minut, dokler ne dobimo precej goste omake. Okusite za začimbo.

b) V omako naredite 8 majhnih pomakov. Jajca nežno razbijte in vsakega previdno vlijte v svoj pomak. Enako storimo z rumenjaki. Beljake z omako z vilicami malo prežvrknemo in pazimo, da se rumenjaki ne razdrobijo. Na blagem vrenju kuhajte 8 do 10 minut, dokler se beljaki ne strdijo, rumenjaki pa so še tekoči (ponev lahko pokrijete s pokrovko, če želite pospešiti postopek).

c) Odstranite z ognja, pustite nekaj minut, da se umiri, nato pa naložite na posamezne krožnike in postrezite z labnehom ali jogurtom.

35. Butternut Squash & Tahini Namaz

Naredi: 6 DO 8

SESTAVINE

- 1 zelo velika maslena buča (približno 1,2 kg), olupljena in narezana na koščke (skupaj 7 skodelic / 970 g)
- 3 žlice olivnega olja
- 1 žlička mletega cimeta
- 5 žlic / 70 g svetle paste tahini
- ½ skodelice / 120 g grškega jogurta
- 2 majhna stroka česna, zdrobljena
- 1 žlička mešanih črnih in belih sezamovih semen (ali samo belega, če nimate črnega)
- 1½ žličke datljevega sirupa
- 2 žlici sesekljanega cilantra (neobvezno)
- sol

NAVODILA

a) Pečico segrejte na 400°F / 200°C.
b) Bučo razporedite po srednji pekaču. Prelijemo z oljčnim oljem in potresemo s cimetom in ½ čajne žličke soli. Dobro premešamo, pekač tesno pokrijemo z aluminijasto folijo in pečemo v pečici 70 minut, med peko pa enkrat premešamo. Odstranite iz pečice in pustite, da se ohladi.
c) Bučo skupaj s tahinijem, jogurtom in česnom prenesite v kuhinjski robot. Približno utripajte, da se vse poveže v grobo pasto, ne da bi namaz postal gladek; to lahko storite tudi ročno z vilicami ali stiskalnikom za krompir.
d) Masleni oreh v valovitem vzorcu razporedite po ravnem krožniku in potresite s sezamovimi semeni, pokapajte s sirupom in zaključite s cilantrom, če ga uporabljate.

36. Začinjena solata iz pese, pora in orehov

SESTAVINE

- 4 srednje velike pese (⅓ lb / 600 g skupaj po kuhanju in lupljenju)
- 4 srednji por, narezan na 4-palčne / 10 cm segmente (4 skodelice / 360 g skupaj)
- 15 g cilantra, grobo sesekljanega
- 1¼ skodelice / 25 g rukole
- ⅓ skodelice / 50 g semen granatnega jabolka (neobvezno)
- OBLAČENJE
- 1 skodelica / 100 g orehov, grobo sesekljanih
- 4 stroki česna, drobno sesekljani
- ½ žličke čilijevih kosmičev
- ¼ skodelice / 60 ml jabolčnega kisa
- 2 žlici tamarindove vode
- ½ žličke orehovega olja
- 2½ žlici arašidovega olja
- 1 žlička soli

NAVODILA

a) Pečico segrejte na 425°F / 220°C.
b) Peso posamezno zavijte v aluminijasto folijo in jo pecite v pečici 1 do 1½ ure, odvisno od velikosti. Ko je kuhan, bi morali z majhnim nožem zlahka zabosti sredino. Odstranite iz pečice in pustite, da se ohladi.
c) Ko se pesa dovolj ohladi za rokovanje, olupite peso, jo razpolovite in vsako polovico narežite na 1 cm debele rezine. Dajte v srednje veliko skledo in pustite na stran.
d) Por položite v srednjo ponev s slano vodo, zavrite in kuhajte 10 minut, dokler ni ravno kuhan; pomembno je, da jih rahlo dušimo in ne prekuhamo, da ne razpadejo. Odcedite in osvežite pod mrzlo vodo, nato pa z zelo ostrim nazobčanim nožem vsak segment razrežite na 3 manjše kose in posušite. Prenesite v skledo, ločite od pese in odstavite.
e) Medtem ko se zelenjava kuha, zmešamo vse sestavine za preliv in pustimo na eni strani vsaj 10 minut, da se vsi okusi povežejo.

f) Orehov preliv in koriander enakomerno porazdelite med peso in por ter nežno premešajte. Oboje poskusite in po potrebi dodajte več soli.

g) Solato sestavite tako, da večino rdeče pese razporedite po servirnem krožniku, na vrh položite nekaj rukole, nato večino pora, nato preostalo peso in na koncu dajte še por in rukolo. Če jih uporabljate, jih potresite s semeni granatnega jabolka in postrezite.

37. Zoglenela bamija s paradižnikom

Naredi: 2 KOT PRILOGA

SESTAVINE

- 10½ oz / 300 g baby ali zelo majhna okra
- 2 žlici olivnega olja, po potrebi še več
- 4 stroki česna, na tanko narezani
- ⅔ oz / 20 g konzervirane limonine lupine (kupljene v trgovini ozglej recept), narežite na ⅜-palčne / 1 cm debele zagozde
- 3 majhni paradižniki (skupaj 200 g), narezani na 8 rezin, ali prepolovljeni češnjevi paradižniki
- 1½ žličke sesekljanega ploščatega peteršilja
- 1½ žličke sesekljanega cilantra
- 1 žlica sveže iztisnjenega limoninega soka
- Maldonska morska sol in sveže mlet črni poper

NAVODILA

a) Z majhnim, ostrim nožem za sadje obrežite stroke bamije in jim odstranite steblo tik nad strokom, da ne razkrijete semen.

b) Veliko ponev z debelim dnom postavite na močan ogenj in pustite nekaj minut. Ko je skoraj rdeče vroče, dodajte okra v dveh serijah in kuhajte na suhem, občasno stresajte ponev, 4 minute na sklop. Stroki bamije morajo imeti občasno temen mehurček.

c) Vrnite vso zoglenelo bamijo v ponev in dodajte oljčno olje, česen in konzervirano limono. Med stresanjem ponve pražimo 2 minuti. Ogenj zmanjšajte na srednje in dodajte paradižnik, 2 žlici vode, sesekljana zelišča, limonin sok ter ½ čajne žličke soli in nekaj črnega popra. Vse skupaj nežno premešamo, da paradižnik ne razpade in kuhamo še 2 do 3 minute, da se paradižnik ogreje. Prestavite v servirni krožnik, pokapajte z več olivnega olja, dodajte malo soli in postrezite.

38. Pečeni jajčevci s semeni granatnega jabolka

Sestava: 4 KOT DEL MEZE PLOŠČE

SESTAVINE

- 4 veliki jajčevci (3¼ lb / 1,5 kg pred kuhanjem; 2½ skodelice / 550 g po prežganju in odcejanju mesa)
- 2 stroka česna, zdrobljena
- naribano lupinico 1 limone in 2 žlici sveže iztisnjenega limoninega soka
- 5 žlic oljčnega olja
- 2 žlici sesekljanega ploščatega peteršilja
- 2 žlici sesekljane mete
- semena ½ velikega granatnega jabolka (½ skodelice / 80 g skupaj)
- sol in sveže mlet črni poper

NAVODILA

a) Če imate plinski štedilnik, podstavek obložite z aluminijasto folijo, da ga zaščitite, pri čemer naj bodo izpostavljeni samo gorilniki. Jajčevce postavite neposredno na štiri ločene plinske gorilnike s srednjim ognjem in jih pecite 15 do 18 minut, dokler se lupina ne zažge in ne lušči, meso pa ni mehko. Občasno jih obrnite s kovinskimi kleščami. Druga možnost je, da jajčevce z nožem zarežete na nekaj mestih, približno ¾ palca / 2 cm globoko, in jih položite na pekač pod vroče brojlerje za približno eno uro. Obrnite jih vsakih 20 minut in nadaljujte s kuhanjem, tudi če počijo in se zlomijo.

b) Jajčevce odstavimo z ognja in pustimo, da se nekoliko ohladijo. Ko so dovolj ohlajeni, da jih lahko uporabljate, vzdolž vsakega jajčevca naredite luknjo in izdolbite mehko meso ter ga z rokami razdelite na dolge tanke trakove. Zavrzite kožo. Meso odcedimo v cedilu vsaj eno uro, še bolje dlje, da se znebimo čim več vode.

c) Meso jajčevca dajte v srednje veliko skledo in dodajte česen, limonino lupinico in sok, olivno olje, ½ čajne žličke soli in dobro mlet črni poper. Premešamo in pustimo jajčevce, da se marinirajo na sobni temperaturi vsaj eno uro.

d) Ko ste pripravljeni za serviranje, zmešajte večino zelišč in okusite začimbe. Naložite visoko na servirni krožnik, potresite po semenih granatnega jabolka in okrasite s preostalimi zelišči.

39. Solata iz peteršilja in ječmena

Naredi: 4

SESTAVINE

- ¼ skodelice / 40 g bisernega ječmena
- 5 oz / 150 g feta sira
- 5½ žlice oljčnega olja
- 1 žlička za'atar
- ½ žličke koriandrovih semen, rahlo opečenih in zdrobljenih
- ¼ žličke mlete kumine
- 3 oz / 80 g ploščatega peteršilja, listov in finih stebel
- 4 zelene čebule, drobno sesekljane (⅓ skodelice / 40 g skupaj)
- 2 stroka česna, zdrobljena
- ⅓ skodelice / 40 g indijskih oreščkov, rahlo opečenih in grobo zdrobljenih
- 1 zelena paprika, brez semen in narezana na ⅜-palčne / 1 cm velike kocke
- ½ žličke mletega pimenta
- 2 žlici sveže iztisnjenega limoninega soka
- sol in sveže mlet črni poper

NAVODILA

a) Biserni ječmen dajte v majhno ponev, pokrijte z veliko vode in kuhajte 30 do 35 minut, dokler se ne zmehča, vendar z ugrizom. Nalijemo v fino cedilo, pretresemo, da odstranimo vso vodo, in prestavimo v veliko skledo.

b) Feto nalomite na grobe koščke, velike približno ¾ palca / 2 cm, in v majhni skledi zmešajte z 1½ žlice olivnega olja, za'atarjem, koriandrovimi semeni in kumino. Nežno premešajte in pustite, da se marinira, medtem ko pripravite ostalo solato.

c) Peteršilj drobno nasekljajte in ga dajte v skledo z zeleno čebulo, česnom, indijskimi oreščki, poprom, pimentom, limoninim sokom, preostalim oljčnim oljem in kuhanim ječmenom. Dobro premešamo in začinimo po okusu. Za serviranje solato razdelite na štiri krožnike in prelijte z marinirano feto.

40.   Krhka solata iz bučk in paradižnika

Naredi: 6

SESTAVINE
- 8 bledo zelenih bučk ali navadnih bučk (skupaj približno 2¼ lb / 1 kg)
- 5 velikih, zelo zrelih paradižnikov (1¾ lb / 800 g skupaj)
- 3 žlice oljčnega olja in dodatek za zaključek
- 2½ skodelice / 300 g grškega jogurta
- 2 stroka česna, zdrobljena
- 2 rdeča čila, brez semen in narezana
- naribano lupino 1 srednje velike limone in 2 žlici sveže iztisnjenega limoninega soka
- 1 žlica datljevega sirupa in dodatek za zaključek
- 2 skodelici / 200 g orehov, grobo sesekljanih
- 2 žlici sesekljane mete
- ⅔ oz / 20 g ploščatega peteršilja, sesekljanega
- sol in sveže mlet črni poper

NAVODILA

a) Pečico segrejte na 425°F / 220°C. Rebrasto ponev postavite na močan ogenj.
b) Bučke obrežemo in po dolžini razpolovimo. Paradižnik prav tako razpolovite. Bučke in paradižnik na prerezani strani premažite z olivnim oljem ter začinite s soljo in poprom.
c) Do sedaj bi morala biti ponev vroča. Začnite z bučkami. Nekaj jih položite na ponev s prerezano stranjo navzdol in kuhajte 5 minut; bučka mora biti na eni strani lepo prežgana. Zdaj odstranite bučke in ponovite isti postopek s paradižniki. Zelenjavo položite v pekač in postavite v pečico za približno 20 minut, dokler se bučke zelo ne zmehčajo.
d) Pekač vzamemo iz pečice in pustimo, da se zelenjava nekoliko ohladi. Na drobno jih nasekljajte in pustite 15 minut, da se odcedijo v cedilu.
e) V veliki posodi za mešanje zmešajte jogurt, česen, čili, limonino lupinico in sok ter melaso. Dodamo sesekljano zelenjavo, orehe, meto in večji del peteršilja ter dobro premešamo. Začinite s ¾ čajne žličke soli in nekaj popra.
f) Solato preložimo na velik plitek servirni krožnik in jo razporedimo. Okrasite s preostalim peteršiljem. Na koncu pokapljajte z datljevim sirupom in oljčnim oljem.

41. tabule

Naredi: 4 VELIKODUŠNO
SESTAVINE
- ½ skodelice / 30 g fine pšenice bulgur
- 2 velika paradižnika, zrela, a čvrsta (10½ oz / 300 g skupaj)
- 1 šalotka, drobno sesekljana (3 žlice / 30 g skupaj)
- 3 žlice sveže iztisnjenega limoninega soka in še malo za zaključek
- 4 veliki šopki ploščatega peteršilja (5½ oz / 160 g skupaj)
- 2 šopka mete (skupaj 1 oz / 30 g)
- 2 žlički mletega pimenta
- 1 žlička začimbne mešanice baharat (kupljena v trgovini ozglej recept)
- ½ skodelice / 80 ml vrhunskega oljčnega olja
- semena približno ½ velikega granatnega jabolka (½ skodelice / 70 g skupaj), po želji
- sol in sveže mlet črni poper

NAVODILA

a) Bulgur dajte v fino cedilo in ga pustite pod mrzlo vodo, dokler voda, ki teče skozi, ne postane čista in je odstranjena večina škroba. Prenesite v veliko skledo za mešanje.
b) Z majhnim nazobčanim nožem paradižnik narežite na rezine debeline 0,5 cm. Vsako rezino narežite na ¼-palčne / 0,5 cm trakove in nato na kocke. Dodajte paradižnike in njihove sokove v skledo, skupaj s šalotko in limoninim sokom ter dobro premešajte.
c) Vzemite nekaj vejic peteršilja in jih tesno zložite skupaj. Z velikim, zelo ostrim nožem odrežite večino stebel in jih zavrzite. Zdaj uporabite nož, da se pomaknete navzgor po steblih in listih, tako da postopoma "napajate" nož, da boste peteršilj nasekljali čim bolj drobno, in se poskušajte izogniti rezanju kosov, širših od 1/16 palca / 1 mm. Dodajte v skledo.
d) Poberite metine liste s stebel, jih nekaj tesno zložite skupaj in jih drobno nasekljajte, kot ste naredili peteršilj; ne sekljajte jih preveč, ker se radi razbarvajo. Dodajte v skledo.
e) Na koncu dodajte piment, baharat, olivno olje, granatno jabolko, če ga uporabljate, ter nekaj soli in popra. Okusite in po želji dodajte še sol in poper, lahko tudi malo limoninega soka, ter postrezite.

42. Pečen krompir s karamelo in suhimi slivami

Naredi: 4

SESTAVINE
- 2¼ lb / 1 kg mokastega krompirja, kot je russet
- ½ skodelice / 120 ml gosje maščobe
- 5 oz / 150 g celih mehkih suhih sliv Agen brez koščic
- ½ skodelice / 90 g zelo finega sladkorja
- 3½ žlice / 50 ml ledene vode
- sol

NAVODILA

a) Pečico segrejte na 475°F / 240°C.
b) Krompir olupite, majhne pustite cele, večje pa razpolovite, tako da na koncu dobite koščke, ki tehtajo približno 60 g. Sperite pod hladno vodo, nato pa krompir položite v veliko ponev z veliko sveže hladne vode. Zavremo in pustimo vreti 8 do 10 minut. Krompir dobro odcedite, nato pa cedilo stresite, da so robovi hrapavi.
c) Gosjo maščobo položite v pekač in segrevajte v pečici, dokler se ne začne kaditi, približno 8 minut. Pekač previdno vzamemo iz pečice in na vročo maščobo s kovinskimi prijemalkami dodamo kuhan krompir, ki ga pri tem povaljamo po maščobi. Pekač previdno postavite na najvišjo rešetko pečice in kuhajte 50 do 65 minut ali dokler krompir ne postane zlatorjav in hrustljav na zunanji strani. Med kuhanjem jih občasno obrnite.
d) Ko je krompir skoraj pripravljen, vzamemo pladenj iz pečice in ga prevrnemo na toplotno odporno skledo, da odstranimo večino maščobe. Dodajte ½ čajne žličke soli in suhe slive ter nežno premešajte. Vrnite v pečico še za 5 minut.
e) V tem času naredimo karamelo. Sladkor dajte v čisto ponev z debelim dnom in postavite na majhen ogenj. Brez mešanja opazujte, kako sladkor postane bogate karamelne barve. Pazite, da imate ves čas oči na sladkorju. Takoj, ko dosežete to barvo, ponev odstavite z ognja. Držite ponev na varni razdalji od obraza in hitro vlijte ledeno vodo v karamelo, da preprečite kuhanje. Vrnite na ogenj in mešajte, da odstranite morebitne sladkorne grudice.
f) Preden postrežemo, v krompir in suhe slive vmešamo karamelo. Prenesite v servirno skledo in pojejte naenkrat.

43. Blitva s tahinijem, jogurtom in maslenimi pinjolami

Naredi: 4

SESTAVINE
- 2¾ lb / 1,3 kg blitve
- 2½ žlice / 40 g nesoljenega masla
- 2 žlici olivnega olja, plus dodatek za zaključek
- 5 žlic / 40 g pinjol
- 2 majhna stroka česna, zelo tanko narezana
- ¼ skodelice / 60 ml suhega belega vina
- sladka paprika, za okras (po želji)
- sol in sveže mlet črni poper

TAHINI IN JOGURTOVA OMAKA
- 3½ žlice / 50 g svetle paste tahini
- 4½ žlice / 50 g grškega jogurta
- 2 žlici sveže iztisnjenega limoninega soka
- 1 strok česna, zdrobljen
- 2 žlici vode

67. "Torta" iz repe in teletine

Naredi: 4

SESTAVINE

- 1⅔ skodelice / 300 g basmati riža
- 400 g mlete teletine, jagnjetine ali govedine
- ½ skodelice / 30 g sesekljanega ploščatega peteršilja
- 1½ žličke začimbne mešanice baharat (kupljene v trgovini ozglej recept)
- ½ žličke mletega cimeta
- ½ žličke čilijevih kosmičev
- 2 žlici olivnega olja
- 10 do 15 srednje velikih rep (3¼ lb / 1,5 kg skupaj)
- približno 1⅔ skodelice / 400 ml sončničnega olja
- 2 skodelici / 300 g sesekljanega paradižnika, v pločevinkah je v redu
- 1½ žlice tamarindove paste
- ¾ skodelice plus 2 žlici / 200 ml piščančje juhe, vroče
- 1 skodelica / 250 ml vode
- 1½ žlice super finega sladkorja
- 2 vejici timijana, nabrani lističi
- sol in sveže mlet črni poper

NAVODILA

a) Riž operemo in dobro odcedimo. Postavite v veliko skledo za mešanje in dodajte meso, peteršilj, baharat, cimet, 2 čajni žlički soli, ½ čajne žličke popra, čili in oljčno olje. Dobro premešamo in odstavimo.

b) Olupite repo in jo narežite na rezine debeline ⅜ palca / 1 cm. Na srednje močnem ognju segrejte toliko sončničnega olja, da doseže ¾ palca / 2 cm do sten velike ponve. Rezine repe pražite v serijah 3 do 4 minute na serijo, dokler ne zlato porumenijo. Preložimo na krožnik, obložen s papirnatimi brisačkami, potresemo z malo soli in pustimo, da se ohladi.

c) V veliko skledo za mešanje dajte paradižnik, tamarind, osnovo, vodo, sladkor, 1 čajno žličko soli in ½ čajne žličke popra. Dobro stepemo. Približno eno tretjino te tekočine nalijte v srednje veliko ponev z debelim dnom (9½ palcev / 24 cm v premeru). Notri razporedite tretjino rezin repe. Dodamo polovico riževe mešanice in poravnamo. Razporedite drugo plast repe, nato pa drugo polovico riža. Končajte z zadnjo repo in jo nežno pritisnite z rokami. Plasti repe in riža prelijemo s preostalo paradižnikovo tekočino in potresemo s timijanom. Z lopatko nežno podrsajte po stenah lonca, da sokovi stečejo na dno.

d) Postavite na srednji ogenj in zavrite. Ogenj zmanjšamo na absolutni minimum, pokrijemo in pustimo vreti 1 uro. Odstranite ogenj, odkrijte in pustite počivati 10 do 15 minut, preden postrežete. Žal je torte nemogoče obrniti na krožnik, saj ne obdrži oblike, zato jo je treba izločiti z žlico.

68. Hanuka Polnjena čebula

Naredi: PRIBLIŽNO 16 POLNJENIH ČEBUL

SESTAVINE

- 4 velike čebule (skupaj 2 lb / 900 g, olupljena teža) približno 1⅔ skodelice / 400 ml zelenjavne juhe
- 1½ žlice melase granatnega jabolka
- sol in sveže mlet črni poper
- NADEV
- 1½ žlice oljčnega olja
- 1 skodelica / 150 g drobno sesekljane šalotke
- ½ skodelice / 100 g kratkozrnatega riža
- ¼ skodelice / 35 g zdrobljenih pinjol
- 2 žlici sesekljane sveže mete
- 2 žlici sesekljanega ploščatega peteršilja
- 2 žlički posušene mete
- 1 žlička mlete kumine
- ⅛ žličke mletih nageljnovih žbic
- ¼ žličke mletega pimenta
- ¾ žličke soli
- ½ žličke sveže mletega črnega popra
- 4 rezine limone (neobvezno)

NAVODILA

a) Olupite in odrežite približno ¼ palca / 0,5 cm z vrhov in repov čebule, narezano čebulo položite v veliko ponev z veliko vode, zavrite in kuhajte 15 minut. Odcedimo in postavimo na stran, da se ohladi.

b) Za pripravo nadeva segrejte olivno olje v srednji ponvi na srednje močnem ognju in dodajte šalotko. Med pogostim mešanjem pražimo 8 minut, nato dodamo vse preostale sestavine razen rezin limone. Ogenj zmanjšajte in nadaljujte s kuhanjem ter mešanjem 10 minut.

c) Z majhnim nožem naredite dolg rez od vrha čebule do dna, tako da poteka vse do sredine, tako da ima vsaka plast čebule samo eno zarezo. Začnite nežno ločevati plasti čebule, eno za drugo, dokler ne dosežete sredice. Naj vas ne skrbi, če se bodo nekatere plasti med luščenjem nekoliko raztrgale; še vedno jih lahko uporabljate.

d) Z eno dlanjo primite plast čebule in z žlico dodajte približno 1 žlico riževe mešanice na polovico čebule, tako da nadev položite blizu enega konca odprtine. Naj vas ne zamika, da bi ga napolnili še več, saj mora biti lepo in udobno zavit. Prazno stran čebule prepognite preko polnjene strani in jo tesno zvijte, tako da je riž prekrit z nekaj plastmi čebule brez zraka v sredini. Položite v srednjo ponev, za katero imate pokrov, s šivi navzdol in nadaljujte s preostalo mešanico čebule in riža. Čebulo položite eno poleg druge v ponev, tako da ni prostora za premikanje. Morebitne prostore napolnite z deli čebule, ki jih niste polnili. Dodajte toliko juhe, da je čebula do treh četrtin pokrita, skupaj z melaso granatnega jabolka in začinite s ¼ čajne žličke soli.

e) Ponev pokrijemo in na najnižjem možnem vrenju kuhamo 1½ do 2 uri, dokler tekočina ne izhlapi. Postrezite toplo ali pri sobni temperaturi, po želji z rezinami limone.

69. Hanuka Odprite Kibbeh

Naredi: 6

SESTAVINE

- 1 skodelica / 125 g fine pšenice bulgur
- 1 skodelica / 200 ml vode
- 6 žlic / 90 ml olivnega olja
- 2 stroka česna, zdrobljena
- 2 srednji čebuli, drobno sesekljani
- 1 zeleni čili, drobno narezan
- 12 oz / 350 g mlete jagnjetine
- 1 žlička mletega pimenta
- 1 žlička mletega cimeta
- 1 žlička mletega koriandra
- 2 žlici grobo sesekljanega cilantra
- ½ skodelice / 60 g pinjol
- 3 žlice grobo sesekljanega ploščatega peteršilja
- 2 žlici samovzhajajoče moke, po potrebi še malo
- 3½ žlice / 50 g svetle paste tahini
- 2 žlički sveže iztisnjenega limoninega soka
- 1 žlička sumaka
- sol in sveže mlet črni poper

NAVODILA

a) Pečico segrejte na 400°F / 200°C. 8-palčni / 20 cm vzmetni pekač obložite s povoščenim papirjem.

b) Bulgur dajte v veliko skledo in ga pokrijte z vodo. Pustite 30 minut.

c) Medtem v veliki ponvi na srednje močnem ognju segrejte 4 žlice olivnega olja. Pražite česen, čebulo in čili, dokler niso popolnoma mehki. Odstranite vse iz ponve, jo vrnite na močan ogenj in dodajte jagnjetino. Med stalnim mešanjem kuhajte 5 minut, dokler ne porjavi.

d) Mešanico čebule vrnite v ponev in dodajte začimbe, koriander, ½ čajne žličke soli, obilno mletega črnega popra ter večino pinjol in peteršilja, nekaj pa pustite ob strani. Kuhamo nekaj minut, odstavimo z ognja, okusimo in začinimo.

e) Preverite, ali je bulgur vpil vso vodo. Odcedite, da odstranite preostalo tekočino. Dodajte moko, 1 žlico olivnega olja, ¼ čajne žličke soli in ščepec črnega popra ter vse skupaj z rokami premešajte v voljno zmes, ki se drži skupaj; če je zmes zelo lepljiva, dodajte še malo moke. Trdno potisnite na dno pekača, tako da je stisnjeno in poravnano. Po vrhu enakomerno razporedite jagnjetino in jo malo potlačite. Pečemo približno 20 minut, dokler meso ni precej temno rjavo in zelo vroče.

f) Medtem ko čakate, zmešajte tahini pasto z limoninim sokom, 3½ žlice / 50 ml vode in ščepcem soli. Iščete zelo gosto, a pretočno omako. Po potrebi dodajte še malo vode.

g) Kibbeh torto vzamemo iz pečice, po vrhu enakomerno razporedimo tahini omako, potresemo s prihranjenimi pinjolami in sesekljanim peteršiljem ter takoj vrnemo v pečico. Pečemo 10 do 12 minut, dokler se tahini ravno ne strdi in prevzame malo barve, pinjole pa zlato porumenijo.

h) Odstranite iz pečice in pustite, da se ohladi, dokler se ne segreje ali doseže sobno temperaturo. Pred serviranjem po vrhu potresemo s sumakom in pokapljamo s preostalim oljem. Pekaču previdno odstranimo stene in kibbeh narežemo na rezine. Nežno jih dvignite, da se ne zlomijo.

70. Kubbeh hamusta

Naredi: 6
SESTAVINE
KUBBEH NADEV
- 1½ žlice sončničnega olja
- ½ srednje velike čebule, zelo drobno sesekljane (½ skodelice / 75 g skupaj)
- 12 oz / 350 g mlete govedine
- ½ žličke mletega pimenta
- 1 velik strok česna, zdrobljen
- 2 stebli svetle zelene, zelo drobno sesekljani, ali enaka količina sesekljanih listov zelene (½ skodelice / 60 g skupaj)
- sol in sveže mlet črni poper
- KOVČKI KUBBEH
- 2 skodelici / 325 g zdroba
- 5 žlic / 40 g večnamenske moke
- 1 skodelica / 220 ml vroče vode
- JUHA
- 4 stroki česna, zdrobljeni
- 5 stebel zelene, pobrani listi in stebla, narezana pod kotom na ⅔-palčne / 1,5 cm velike rezine (2 skodelici / 230 g skupaj)
- 10½ oz / 300 g listov blitve, samo zeleni del, narezan na ⅔-palčne / 2 cm trakove
- 2 žlici sončničnega olja
- 1 velika čebula, grobo sesekljana (1¼ skodelice / 200 g skupaj)
- 2 litra / 2 litra piščančje juhe
- 1 velika bučka, narezana na ⅜-palčne / 1 cm velike kocke (1⅓ skodelice / 200 g skupaj)
- 6½ žlice / 100 ml sveže iztisnjenega limoninega soka, plus dodatek po potrebi
- rezine limone, za serviranje

NAVODILA

a) Najprej pripravimo mesni nadev. V srednji ponvi segrejte olje in dodajte čebulo. Kuhajte na srednjem ognju, dokler ne postane prosojno, približno 5 minut. Dodajte govedino, piment, ¾ čajne žličke soli in dobro mlet črni poper ter med kuhanjem mešajte 3 minute, da porjavi. Zmanjšajte ogenj na srednje nizko in pustite, da se meso počasi kuha približno 20 minut, dokler ni popolnoma suho, občasno premešajte. Na koncu dodamo česen in zeleno, kuhamo še 3 minute in odstavimo z ognja. Okusite in prilagodite začimbe. Pustite, da se ohladi.

b) Medtem ko se goveja mešanica kuha, pripravite posode za kubbeh. V veliki posodi za mešanje zmešajte zdrob, moko in ¼ čajne žličke soli. Postopoma dodajte vodo, mešajte z leseno žlico in nato z rokami, dokler ne dobite lepljivega testa. Pokrijemo z vlažno krpo in pustimo počivati 15 minut.

c) Testo nekaj minut gnetemo na delovni površini. Biti mora prožna in mazljiva brez razpok. Po potrebi dodajte malo vode ali moke. Za pripravo cmokov vzemite skledo z vodo in si zmočite roke (pazite, da so roke ves čas mokre, da se prepreči prijemanje). Vzemite kos testa, ki tehta približno 30 g, in ga sploščite v dlani; ciljaš na diske s premerom 4 palcev/10 cm. Na sredino položite približno 2 čajni žlički nadeva. Zapognite robove čez nadev, da pokrijete, in ga nato zaprite v notranjost. Kubbeh povaljajte med rokama, da oblikujete kroglico, nato pa jo pritisnite navzdol v okroglo, ravno obliko, debelo približno 3 cm/1¼ palca. Cmoke položimo na pladenj, pokrit s plastično folijo in pokapljan z malo vode, ter pustimo na eni strani.

d) Za juho dajte česen, polovico zelene in polovico chardin v kuhinjski robot in zmešajte v grobo pasto. V veliki ponvi na zmernem ognju segrejte olje in na njem približno 10 minut pražite čebulo, dokler ne postane bledo zlate barve. Dodajte pasto zelene in blitve ter kuhajte še 3 minute. Dodajte osnovo, bučke, preostalo zeleno in blitvo, limonin sok, 1 čajno žličko soli in ½ čajne žličke črnega popra. Zavremo in kuhamo 10 minut, nato okusimo in prilagodimo začimbe. Biti mora ostro, zato dodajte še eno žlico limoninega soka, če je potrebno.

e) Nazadnje v juho previdno dodajamo kubbeh – po nekaj naenkrat, da se ne sprimejo – in počasi dušimo 20 minut. Pustimo dobre pol ure, da se uležejo in zmehčajo, nato pogrejemo in postrežemo. Spremljajte rezino limone za dodaten okus limone.

71. Polnjene romanske paprike

Naredi: 4 VELIKODUŠNO

SESTAVINE
- 8 srednje velikih paprik ali drugih sladkih paprik
- 1 velik paradižnik, grobo narezan (1 skodelica / 170 g skupaj)
- 2 srednji čebuli, grobo sesekljani (1⅓ skodelice / 250 g skupaj)
- približno 2 skodelici/500 ml zelenjavne juhe
- NADEV
- ¾ skodelice / 140 g basmati riža
- 1½ žlice začimbne mešanice baharat (kupljene v trgovini ozglej recept)
- ½ žličke mletega kardamoma
- 2 žlici olivnega olja
- 1 velika čebula, drobno sesekljana (1⅓ skodelice / 200 g skupaj)
- 14 oz / 400 g mlete jagnjetine
- 2½ žlici sesekljanega ploščatega peteršilja
- 2 žlici sesekljanega kopra
- 1½ žlice posušene mete
- 1½ žličke sladkorja
- sol in sveže mlet črni poper

NAVODILA

a) Začnite z nadevom. Riž damo v ponev in pokrijemo z rahlo osoljeno vodo. Zavremo in nato kuhamo 4 minute. Odcedite, osvežite pod hladno vodo in odstavite.

b) V ponvi na suho prepražimo začimbe. Dodamo olivno olje in čebulo ter med pogostim mešanjem pražimo približno 7 minut, dokler se čebula ne zmehča. To skupaj z rižem, mesom, zelišči, sladkorjem in 1 čajno žličko soli stresite v veliko posodo za mešanje. Z rokami vse skupaj dobro premešamo.

c) Začnite od konca peclja in z majhnim nožem zarežite po dolžini tri četrtine vsake paprike, ne da bi odstranili pecelj, tako da ustvarite dolgo odprtino. Ne da bi papriko preveč odprli na silo, ji odstranite semena in nato vsako papriko nadevajte z enako količino mešanice.

d) Narezan paradižnik in čebulo dajte v zelo veliko ponev, za katero imate pokrov, ki se tesno prilega. Po vrhu razporedite paprike tesno skupaj in nalijte ravno toliko juhe, da pride za palec / 1 cm do stranic paprike. Začinite s ½ čajne žličke soli in nekaj črnega popra. Ponev pokrijemo s pokrovko in na najmanjšem možnem ognju dušimo eno uro. Pomembno je, da je nadev samo poparjen, zato se mora pokrov tesno prilegati; poskrbite, da bo na dnu ponve vedno malo tekočine. Paprike postrezite tople, ne vroče ali pri sobni temperaturi.

72. Polnjeni jajčevci z jagnjetino in pinjolami

Naredi: 4 VELIKODUŠNO

SESTAVINE

- 4 srednji jajčevci (približno 2½ lb / 1,2 kg), po dolžini prepolovljeni
- 6 žlic / 90 ml olivnega olja
- 1½ žličke mlete kumine
- 1½ žlice sladke paprike
- 1 žlica mletega cimeta
- 2 srednji čebuli (12 oz / 340 g skupaj), drobno sesekljani
- 1 lb / 500 g mlete jagnjetine
- 7 žlic / 50 g pinjol
- ⅔ oz / 20 g ploščatega peteršilja, sesekljanega
- 2 žlički paradižnikove paste
- 3 žličke najfinejšega sladkorja
- ⅔ skodelice / 150 ml vode
- 1½ žlice sveže iztisnjenega limoninega soka
- 1 žlička tamarindove paste
- 4 cimetove palčke
- sol in sveže mlet črni poper

NAVODILA

a) Pečico segrejte na 425°F / 220°C.
b) Polovice jajčevcev položite s kožo navzdol v pekač, ki je dovolj velik, da jih lahko udobno namestite. Meso namažite s 4 žlicami olivnega olja in začinite z 1 čajno žličko soli in obilo črnega popra. Pražimo približno 20 minut, do zlato rjave barve. Odstranite iz pečice in pustite, da se nekoliko ohladi.
c) Medtem ko se jajčevci kuhajo, se lahko lotite priprave nadeva tako, da v veliki ponvi segrejete preostali 2 žlici olivnega olja. Zmešajte kumino, papriko in mleti cimet ter polovico te začimbne mešanice dodajte v ponev skupaj s čebulo. Kuhajte na srednje močnem ognju približno 8 minut, pogosto mešajte, preden dodate jagnjetino, pinjole, peteršilj, paradižnikovo pasto,

1 čajno žličko sladkorja, 1 čajno žličko soli in nekaj črnega popra. Kuhajte in mešajte še 8 minut, dokler ni meso kuhano.

d) Preostalo mešanico začimb dajte v skledo in dodajte vodo, limonin sok, tamarind, preostali 2 žlički sladkorja, cimetove palčke in ½ čajne žličke soli; dobro premešaj.

e) Zmanjšajte temperaturo pečice na 375 °F / 195 °C. Začimbno mešanico vlijemo na dno pekača za jajčevce. Na vsak jajčevec z žlico nanesite mešanico jagnjetine. Pekač tesno pokrijemo z aluminijasto folijo, vrnemo v pečico in pečemo 1½ ure, do takrat morajo biti jajčevci popolnoma mehki in omaka gosta; med kuhanjem dvakrat odstranimo folijo in jajčevce prelijemo z omako, če se omaka izsuši, prilijemo malo vode. Postrezite toplo, ne vroče ali pri sobni temperaturi.

73. Polnjen krompir

Naredi: 4 DO 6

SESTAVINE

- 1 lb / 500 g mlete govedine
- približno 2 skodelici / 200 g belih krušnih drobtin
- 1 srednja čebula, drobno sesekljana (¾ skodelice / 120 g skupaj)
- 2 stroka česna, zdrobljena
- ⅔ oz / 20 g ploščatega peteršilja, drobno sesekljanega
- 2 žlici timijanovih listov, sesekljanih
- 1½ žličke mletega cimeta
- 2 veliki jajci proste reje, stepeni
- 3¼ lb / 1,5 kg srednje velikega krompirja Yukon Gold, približno 3¾ krat 2¼ palca / 9 x 6 cm, olupljen in prepolovljen po dolžini
- 2 žlici sesekljanega cilantra
- sol in sveže mlet črni poper

PARADIŽNIKOVA OMAKA

- 2 žlici olivnega olja
- 5 strokov česna, strt
- 1 srednja čebula, drobno sesekljana (¾ skodelice / 120 g skupaj)
- 1½ stebel zelene, drobno sesekljane (⅔ skodelice / 80 g skupaj)
- 1 majhen korenček, olupljen in drobno narezan (½ skodelice / 70 g skupaj)
- 1 rdeči čili, drobno narezan
- 1½ žličke mlete kumine
- 1 žlička mletega pimenta
- ščepec dimljene paprike
- 1½ žličke sladke paprike
- 1 čajna žlička kuminih semen, zdrobljenih v terilnici ali mlinčku za začimbe
- ena 28-oz / 800 g pločevinka narezanih paradižnikov
- 1 žlica tamarind paste
- 1½ žličke super finega sladkorja

NAVODILA

a) Začnite s paradižnikovo omako. V najširši ponvi, ki jo imate, segrejte olivno olje; za to boste potrebovali tudi pokrov. Dodamo česen, čebulo, zeleno, korenček in čili ter pražimo na majhnem ognju 10 minut, dokler se zelenjava ne zmehča. Dodamo začimbe, dobro premešamo in kuhamo 2 do 3 minute. Vlijemo sesekljane paradižnike, tamarind, sladkor, ½ čajne žličke soli in nekaj črnega popra ter zavremo. Odstranite z ognja.

b) Za pripravo polnjenega krompirja v posodo za mešanje dajte govedino, krušne drobtine, čebulo, česen, peteršilj, timijan, cimet, 1 čajno žličko soli, nekaj črnega popra in jajca. Z rokami dobro premešajte vse sestavine.

c) Vsako polovico krompirja izdolbite s kroglico za melono ali čajno žličko, tako da ustvarite lupino debeline ⅔ palca / 1,5 cm. Mesno mešanico nadevajte v vsako vdolbinico, z rokami jo potisnite navzdol, tako da popolnoma napolni krompir. Vse krompirje previdno potisnite v paradižnikovo omako, tako da sedijo tesno skupaj, z mesnim nadevom navzgor. Dodajte približno 1¼ skodelice / 300 ml vode ali ravno toliko, da polpete skoraj prekrijete z omako, zavrite, ponev pokrijte s pokrovom in pustite počasi kuhati vsaj 1 uro ali celo dlje, dokler se omaka ne zgosti. je gosta in krompir je zelo mehak. Če se omaka ni dovolj zgostila, odstranite pokrov in dušite 5 do 10 minut. Postrezite vroče ali toplo, okrašeno s cilantrom.

74. Polnjene artičoke z grahom in koprom

Naredi: 4

SESTAVINE

- 14 oz / 400 g pora, obreženega in narezanega na ¼-palčne / 0,5 cm velike rezine
- 9 oz / 250 g mlete govedine
- 1 veliko jajce proste reje
- 1 žlička mletega pimenta
- 1 žlička mletega cimeta
- 2 žlički posušene mete
- 12 srednje okroglih artičok ali odmrznjenih dna artičok (glejte uvod)
- 6 žlic / 90 ml sveže iztisnjenega limoninega soka in sok ½ limone, če uporabljate sveže artičoke
- ⅓ skodelice / 80 ml oljčnega olja
- večnamenska moka za oblaganje artičok
- približno 2 skodelici / 500 ml piščančje ali zelenjavne juhe
- 1⅓ skodelice / 200 g zamrznjenega graha
- ⅓ oz / 10 g kopra, grobo sesekljan
- sol in sveže mlet črni poper

NAVODILA

a) Por blanširajte v vreli vodi 5 minut. Odcedite, osvežite in iztisnite vodo.

b) Por grobo nasekljajte in ga skupaj z mesom, jajcem, začimbami, meto, 1 čajno žličko soli in veliko popra dajte v skledo za mešanje. Dobro premešamo.

c) Če uporabljate sveže artičoke, pripravite skledo z vodo in sokom ½ limone. Artičoki odstranimo pecelj in odstranimo trde zunanje liste. Ko dosežete mehkejše, blede liste, z velikim ostrim nožem prerežite cvet tako, da vam ostane spodnja četrtina. Z majhnim, ostrim nožem ali lupilcem za zelenjavo odstranite zunanje plasti artičoke, dokler ni izpostavljena osnova ali dno. Postrgamo dlakavi "čok" in osnovo damo v nakisano vodo. Preostanek zavržite in ponovite z drugimi artičokami.

d) 2 žlici olivnega olja dajte v ponev, ki je dovolj široka, da lahko držite artičoke ravno in segrejte na zmernem ognju. Vsako dno artičok napolnite z 1 do 2 žlicama mešanice govejega mesa, tako da nadev vtisnete. Dno nežno povaljajte v nekaj moke, rahlo premažite in otresite odvečno. Pečemo na segretem olju 1½ minute na vsaki strani. Ponev obrišite in vrnite artičoke v ponev, tako da jih razporedite ravno in tesno eno poleg druge.

e) Zmešajte juho, limonin sok in preostalo olje ter izdatno začinite s soljo in poprom. Z žlicami tekočine zajemajte artičoke, dokler niso skoraj, vendar ne popolnoma potopljene; morda ne boste potrebovali vse tekočine. Na artičoke položimo kos peki papirja, ponev pokrijemo s pokrovko in pustimo vreti na majhnem ognju 1 uro. Ko so pripravljeni, naj ostanejo le še približno 4 žlice tekočine. Po potrebi odstranimo pokrov in papir ter reduciramo omako. Ponev odstavite, dokler se artičoke ne segrejejo ali na sobni temperaturi.

f) Ko ste pripravljeni za serviranje, grah blanširajte 2 minuti. Odcedimo in jih skupaj s koprom dodamo v ponev k artičokam, po okusu začinimo in vse skupaj nežno premešamo.

75. Pečen piščanec s topinamburjem

Naredi: 4

SESTAVINE

- 1 lb / 450 g topinamburja, olupljenega in po dolžini narezanega na 6 rezin ⅔ palca / 1,5 cm debelih
- 3 žlice sveže iztisnjenega limoninega soka
- 8 piščančjih stegen s kožo in kostmi ali 1 srednje velik cel piščanec, narezan na četrtine
- 12 banan ali drugih večjih šalotk, po dolžini prepolovljenih
- 12 velikih strokov česna, narezanih
- 1 srednja limona, prepolovljena po dolžini in nato zelo tanko narezana
- 1 žlička žafranove niti
- 3½ žlice / 50 ml oljčnega olja
- ¾ skodelice / 150 ml hladne vode
- 1¼ žličke rožnatega popra, rahlo zdrobljenega
- ¼ skodelice / 10 g svežih listov timijana
- 1 skodelica / 40 g listov pehtrana, sesekljanih
- 2 žlički soli
- ½ žličke sveže mletega črnega popra

NAVODILA

a) Topinambur dajte v srednje veliko ponev, prelijte z veliko vode in dodajte polovico limoninega soka. Zavremo, zmanjšamo ogenj in pustimo vreti 10 do 20 minut, dokler se ne zmehča. Odcedite in pustite, da se ohladi.

b) Topinambur in vse preostale sestavine, razen preostalega limoninega soka in polovice pehtrana, dajte v večjo skledo mešalnika in z rokami vse dobro premešajte. Pokrijte in pustite marinirati v hladilniku čez noč ali vsaj 2 uri.

c) Pečico segrejte na 475°F / 240°C. Kose piščanca razporedite s kožo navzgor na sredino pekača in okoli piščanca razporedite preostale sestavine. Pražimo 30 minut. Ponev pokrijemo z aluminijasto folijo in kuhamo še 15 minut. Na tej točki mora biti piščanec popolnoma kuhan. Odstranite iz pečice in dodajte prihranjen pehtran in limonin sok. Dobro premešamo, okusimo in po potrebi dodamo še sol. Postrezite takoj.

76. Poširan piščanec s freekehom

Naredi: 4 VELIKODUŠNO

SESTAVINE

- 1 majhen piščanec iz proste reje, približno 3¼ lb / 1,5 kg
- 2 dolgi cimetovi palčki
- 2 srednje velika korenčka, olupljena in narezana na 2 cm debele rezine
- 2 lovorjeva lista
- 2 šopka ploščatega peteršilja (skupaj približno 2½ oz / 70 g)
- 2 veliki čebuli
- 2 žlici olivnega olja
- 2 skodelici / 300 g ocvrtega freekeha
- ½ žličke mletega pimenta
- ½ žličke mletega koriandra
- 2½ žlice / 40 g nesoljenega masla
- ⅔ skodelice / 60 g narezanih mandljev
- sol in sveže mlet črni poper

NAVODILA

a) Piščanca položite v velik lonec, skupaj s cimetom, korenjem, lovorjevimi listi, 1 šopkom peteršilja in 1 čajno žličko soli. Na četrtine narežite 1 čebulo in jo dodajte v lonec. Prilijemo hladno vodo, da skoraj prekrije piščanca; zavrite in pokrito kuhajte 1 uro, pri čemer občasno odstranite morebitno olje in peno s površine.

b) Približno na polovici pečenja piščanca na tanko narežite drugo čebulo in jo položite v srednje veliko ponev z oljčnim oljem. Na srednje nizkem ognju pražimo 12 do 15 minut, dokler čebula ne postane zlato rjava in se zmehča. Dodajte freekeh, piment, koriander, ½ čajne žličke soli in nekaj črnega popra. Dobro premešajte in nato dodajte 2½ skodelice / 600 ml piščančje juhe. Ogenj povečajte na srednje visoko. Takoj ko juha zavre, ponev pokrijemo in zmanjšamo ogenj. Na tihem vrenju 20 minut, nato odstavimo z ognja in pustimo pokrito še 20 minut.

c) Preostalemu šopku peteršilja odstranimo liste in jih nasekljamo, ne preveč na drobno. Kuhanemu freekehu dodamo večji del sesekljanega peteršilja in ga premešamo z vilicami.
d) Piščanca dvignite iz juhe in ga položite na desko za rezanje. Previdno izrežite prsi in jih narežite na tanke rezine pod kotom; odstranite meso iz krač in stegen. Piščanca in freekeh hranite na toplem.
e) Ko ste pripravljeni za serviranje, dajte maslo, mandlje in nekaj soli v majhno ponev in pražite do zlate barve. Freekeh naložite na posamezne servirne posode ali na en krožnik. Na vrh položite meso stegna in stegna, nato pa po vrhu lepo razporedite rezine prsi. Zaključite z mandlji in maslom ter potresite s peteršiljem.

77. Piščanec s čebulo in rižem s kardamomom

Naredi: 4

SESTAVINE
- 3 žlice / 40 g sladkorja
- 3 žlice / 40 ml vode
- 2½ žlice / 25 g borovnic (ali ribez)
- 4 žlice olivnega olja
- 2 srednji čebuli, narezani na tanke rezine (2 skodelici / 250 g skupaj)
- 2¼ lb / 1 kg piščančjih beder s kožo in kostmi ali 1 cel piščanec, narezan na četrtine
- 10 strokov kardamoma
- zaokrožene ¼ žličke celih nageljnovih žbic
- 2 dolgi cimetovi palčki, prelomljeni na dva dela
- 1⅔ skodelice / 300 g basmati riža
- 2¼ skodelice / 550 ml vrele vode
- 1½ žlice / 5 g listov ploščatega peteršilja, sesekljanih
- ½ skodelice / 5 g sesekljanih listov kopra
- ¼ skodelice / 5 g narezanih listov cilantra
- ⅓ skodelice / 100 g grškega jogurta, pomešanega z 2 žlicama olivnega olja (neobvezno)
- sol in sveže mlet črni poper

NAVODILA
a) Sladkor in vodo dajte v majhno ponev in segrevajte, dokler se sladkor ne raztopi. Odstranite z ognja, dodajte borovnice in pustite, da se namakajo. Če uporabljate ribez, vam ga ni treba namakati na ta način.

b) Medtem v veliki ponvi s pokrovom na zmernem ognju segrejte polovico olivnega olja, dodajte čebulo in med občasnim mešanjem kuhajte 10 do 15 minut, dokler čebula ne postane globoko zlato rjava. Čebulo prenesite v manjšo skledo in ponev obrišite.

c) Piščanca položite v veliko skledo za mešanje in začinite z 1½ čajne žličke soli in črnega popra. Dodajte preostalo oljčno olje, kardamom, nageljnove žbice in cimet ter z rokami vse dobro premešajte. Ponovno segrejte ponev in vanjo položite piščanca z začimbami. Pražite 5 minut na vsaki strani in odstranite iz ponve (to je pomembno, saj se piščanec delno skuha). Začimbe lahko ostanejo v ponvi, a naj vas ne skrbi, če se bodo prijele na piščanca. Odstranite tudi večino preostalega olja, tako da na dnu pustite le tanek sloj. Dodajte riž, karamelizirano čebulo, 1 čajno žličko soli in veliko črnega popra. Žutikvice odcedimo in prav tako dodamo. Dobro premešamo in v ponev vrnemo popečenega piščanca, ki ga potisnemo v riž.

d) Riž in piščanca prelijemo z vrelo vodo, ponev pokrijemo in na zelo majhnem ognju kuhamo 30 minut. Ponev odstavimo z ognja, odstranimo pokrov, čez ponev hitro položimo čisto kuhinjsko krpo in ponovno zapremo s pokrovom. Posodo pustite pri miru še 10 minut. Nazadnje dodajte zelišča in jih z vilicami premešajte in razprahnite riž. Okusite in po potrebi dodajte še sol in poper. Postrezite vroče ali toplo z jogurtom, če želite.

78. Sesekljana jetra

Naredi: 4 DO 6

SESTAVINE
- 6½ žlice / 100 ml stopljene gosje ali račje maščobe
- 2 veliki čebuli, narezani (približno 3 skodelice / 400 g skupaj)
- 14 oz / 400 g piščančjih jeter, očiščenih in razdeljenih na približno 1¼-palčne / 3 cm velike kose
- 5 zelo velikih jajc iz proste reje, trdo kuhanih
- 4 žlice desertnega vina
- 1 žlička soli
- ½ žličke sveže mletega črnega popra
- 2 do 3 zelene čebule, narezane na tanke rezine
- 1 žlica sesekljanega drobnjaka

NAVODILA

a) V večjo ponev damo dve tretjini gosje maščobe in na zmernem ognju med občasnim mešanjem 10 do 15 minut pražimo čebulo do temno rjave barve. Čebulo odstranite iz ponve in jo pri tem rahlo potisnite navzdol, da vam v ponvi ostane nekaj maščobe. Po potrebi dodajte malo maščobe. Dodajte jetra in jih med občasnim mešanjem kuhajte do 10 minut, dokler niso na sredini dobro pečena – na tej stopnji ne sme teči kri.

b) Jetra zmešajte s čebulo, preden jih sesekljate skupaj. Najboljši način za to je z mlinom za meso, tako da zmes dvakrat obdelate, da dobite pravo teksturo. Če nimate stroja za mletje mesa, pride prav tudi kuhinjski robot. Čebulo in jetra prepražimo v dveh ali treh serijah, da posoda stroja ni preveč polna. Pulzirajte 20 do 30 sekund, nato preverite, ali so se jetra in čebula spremenila v enakomerno gladko, a še vedno "grubasto" pasto. Vse prenesite v veliko posodo za mešanje.

c) Jajca olupimo, nato dve na grobo in še dve na drobno naribamo ter dodamo jetrni zmesi. Dodamo preostalo maščobo, desertno vino, sol in poper ter vse skupaj nežno premešamo. Mešanico prenesite v nekovinsko ravno posodo in površino tesno pokrijte s plastično folijo. Pustimo, da se ohladi, nato pa za vsaj 2 uri postavimo v hladilnik, da se malo strdi.

d) Za serviranje preostalo jajce drobno sesekljajte. Sesekljana jetrca naložimo na posamezne servirne krožnike, okrasimo s sesekljanim jajcem ter potresemo z zeleno čebulo in drobnjakom.

79. Žafran piščanec in zeliščna solata

Naredi: 6

SESTAVINE
- 1 pomaranča
- 2½ žlice / 50 g medu
- ½ žličke žafranove niti
- 1 žlica belega vinskega kisa
- 1¼ skodelice / približno 300 ml vode
- 2¼ lb / 1 kg piščančjih prsi brez kože in kosti
- 4 žlice olivnega olja
- 2 majhni čebulici koromača, narezani na tanke rezine
- 1 skodelica / 15 g nabranih listov cilantra
- ⅔ skodelice / 15 g natrganih listov bazilike
- 15 natrganih listov mete
- 2 žlici sveže iztisnjenega limoninega soka
- 1 rdeč čili, narezan na tanke rezine
- 1 strok česna, zdrobljen
- sol in sveže mlet črni poper

NAVODILA

a) Pečico segrejte na 400°F / 200°C. Odrežite in zavrzite ⅜ palca / 1 cm z vrha in repa pomaranče ter jo narežite na 12 rezin, pri čemer ohranite kožo. Odstranite morebitna semena.

b) Rezine dajte v majhno ponev z medom, žafranom, kisom in ravno toliko vode, da prekrije pomarančne rezine. Zavremo in pustimo lahno vreti približno eno uro. Na koncu naj vam ostane mehka pomaranča in približno 3 žlice gostega sirupa; med kuhanjem dodajte vodo, če tekočine zelo zmanjka. S kuhinjskim robotom stepite pomarančo in sirup v gladko, tekočo pasto; spet, po potrebi dodajte malo vode.

c) Piščančje prsi zmešajte s polovico olivnega olja ter obilico soli in popra ter položite na zelo segreto nabrano ponev. Pražite približno 2 minuti na vsaki strani, da dobite jasne sledi pooglenitve. Prenesite v pekač in postavite v pečico za 15 do 20 minut, dokler ni ravno pečen.

d) Ko je piščanec dovolj ohlajen, da ga lahko obvladate, vendar je še topel, ga z rokami natrgajte na grobe, precej velike kose. Postavite v veliko posodo za mešanje, prelijte s polovico pomarančne paste in dobro premešajte. (Drugo polovico lahko hranite v hladilniku nekaj dni. Bila bi dober dodatek k zeliščni salsi, ki bi jo postregli z mastnimi ribami, kot sta skuša ali losos.) Dodajte preostale sestavine solati, vključno s preostalim olivnega olja in nežno premešajte. Poskusite, dodajte sol in poper ter po potrebi še olivno olje in limonin sok.

80. Hanuka piščančji sofrito

SESTAVINE

- 1 žlica sončničnega olja
- 1 majhen piščanec iz proste reje, približno 3¼ lb / 1,5 kg, narezan na metulja ali na četrtine
- 1 žlička sladke paprike
- ¼ žličke mlete kurkume
- ¼ žličke sladkorja
- 2½ žlici sveže iztisnjenega limoninega soka
- 1 velika čebula, olupljena in na četrtine narezana
- sončnično olje, za cvrtje
- 1⅓ lb / 750 g krompirja Yukon Gold, olupljenega, opranega in narezanega na ¾-palčne / 2 cm velike kocke
- 25 strokov česna, neolupljen
- sol in sveže mlet črni poper

NAVODILA

a) Vlijte olje v veliko, plitvo ponev ali nizozemsko pečico in postavite na zmeren ogenj. Piščanca položite v pekač s kožo navzdol in ga pražite 4 do 5 minut, dokler ni zlato rjav. Vse skupaj začinite s papriko, kurkumo, sladkorjem, ¼ čajne žličke soli, dobro mletim črnim poprom in 1½ žlice limoninega soka. Piščanca obrnemo tako, da koža gleda navzgor, dodamo čebulo v ponev in pokrijemo s pokrovko. Zmanjšajte toploto na nizko in kuhajte skupno približno 1½ ure; to vključuje čas, ko je piščanec kuhan s krompirjem. Vsake toliko dvignite pokrov, da preverite količino tekočine na dnu posode. Zamisel je, da se piščanec kuha in kuha v sopari v lastnem soku, vendar boste morda morali dodati malo vrele vode, tako da je na dnu ponve vedno ¼ palca / 5 mm tekočine.

b) Ko se je piščanec kuhal približno 30 minut, vlijte sončnično olje v srednje veliko ponev do globine 1¼ palcev / 3 cm in postavite na srednje močan ogenj. Krompir in česen pražite skupaj v nekaj sklopih približno 6 minut na sklop, dokler se ne obarvata in postaneta hrustljava. Z žlico z režami dvignite vsako serijo stran od olja in na papirnate brisače, nato jih potresite s soljo.

c) Ko se je piščanec kuhal 1 uro, ga dvignite iz ponve in po žlicah dodajte ocvrt krompir in česen ter ju premešajte s sokom od kuhanja. Piščanca vrnite v ponev in ga položite na krompir za preostali čas kuhanja, to je 30 minut. Piščanec mora odpadati od kosti, krompir pa mora biti namočen v tekočini od kuhanja in popolnoma mehak. Ob serviranju pokapajte s preostalim limoninim sokom.

81. Hanuka Kofta B'siniyah

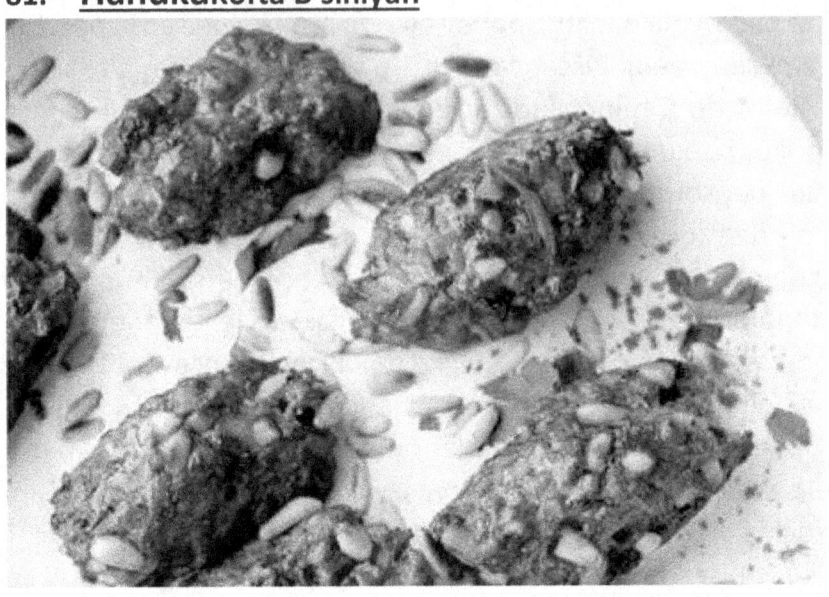

Naredi: 18 KOFTA

SESTAVINE
- ⅔ skodelice / 150 g svetle paste tahini
- 3 žlice sveže iztisnjenega limoninega soka
- ½ skodelice / 120 ml vode
- 1 srednji strok česna, zdrobljen
- 2 žlici sončničnega olja
- 2 žlici / 30 g nesoljenega masla ali gheeja (neobvezno)
- pražene pinjole, za okras
- drobno sesekljan peteršilj s ploščatimi listi, za okras
- sladka paprika, za okras
- sol

KOFTA
- 14 oz / 400 g mlete jagnjetine
- 14 oz / 400 g mlete teletine ali govedine
- 1 majhna čebula (približno 150 g), drobno sesekljana
- 2 velika stroka česna, zdrobljena
- 7 žlic / 50 g praženih pinjol, grobo sesekljanih
- ½ skodelice / 30 g drobno sesekljanega ploščatega peteršilja
- 1 velik srednje pekoč rdeč čili, brez semen in drobno narezan
- 1½ žličke mletega cimeta
- 1½ žličke mletega pimenta
- ¾ žličke naribanega muškatnega oreščka
- 1½ žličke sveže mletega črnega popra
- 1½ žličke soli

NAVODILA

a) Vse sestavine za kofto damo v skledo in z rokami vse skupaj dobro premešamo. Sedaj oblikujte v dolge, torpedu podobne prste, dolge približno 3¼ palcev / 8 cm (približno 2 oz / 60 g vsak). Pritisnite mešanico, da jo stisnete in poskrbite, da bo vsaka kofta tesna in ohranila svojo obliko. Razporedite jih na krožnik in ohladite, dokler jih ne pripravite za kuhanje, največ 1 dan.

b) Pečico segrejte na 425°F / 220°C. V srednje veliki skledi zmešajte tahini pasto, limonin sok, vodo, česen in ¼ čajne žličke soli. Omaka naj bo nekoliko bolj tekoča od medu; po potrebi dodajte 1 do 2 žlici vode.
c) V veliki ponvi na močnem ognju segrejemo sončnično olje in zapečemo kofto. To naredite v serijah, da ne bodo stisnjeni skupaj. Pražite jih z vseh strani do zlato rjave barve, približno 6 minut na serijo. Na tej točki morajo biti srednje pečeni. Dvignemo iz pekača in razporedimo po pekaču. Če jih želite speči srednje ali dobro pečene, postavite pekač v pečico za 2 do 4 minute.
d) Tahini omako nanesite na kofto, tako da prekrije dno pekača. Če želite, jih pokapajte tudi po kofti, le da nekaj mesa ostane izpostavljenega. Postavimo v pečico za minuto ali dve, da se omaka malo segreje.
e) Medtem, če uporabljamo maslo, ga v majhni kozici stopimo in pustimo, da malo porjavi, pri tem pa pazimo, da se ne zažge. Kofte z žlico premažemo z maslom, takoj ko pridejo iz pečice. Potresemo s pinjolami in peteršiljem ter nato potresemo s papriko. Postrezite takoj.

82. Goveje mesne kroglice s fižolom in limono

Naredi: PRIBLIŽNO 20 MESNIH KROGLIC

SESTAVINE
- 4½ žlice oljčnega olja
- 2⅓ skodelice / 350 g fava fižola, svežega ali zamrznjenega
- 4 cele vejice timijana
- 6 strokov česna, narezanih
- 8 zelenih čebul, narezanih pod kotom na ¾-palčne / 2 cm segmente
- 2½ žlici sveže iztisnjenega limoninega soka
- 2 skodelici / 500 ml piščančje juhe
- sol in sveže mlet črni poper
- 1½ žličke sesekljanega peteršilja, mete, kopra in cilantra za zaključek

MESNE KROGLICE
- 10 oz / 300 g mlete govedine
- 5 oz / 150 g mlete jagnjetine
- 1 srednja čebula, drobno sesekljana
- 1 skodelica / 120 g krušnih drobtin
- po 2 žlici sesekljanega ploščatega peteršilja, mete, kopra in cilantra
- 2 velika stroka česna, zdrobljena
- 4 žličke začimbne mešanice baharat (kupljene v trgovini ozglej recept)
- 4 žličke mlete kumine
- 2 žlički kaper, sesekljanih
- 1 jajce, pretepeno

NAVODILA
a) Vse sestavine za mesne kroglice dajte v veliko skledo za mešanje. Dodajte ¾ čajne žličke soli in veliko črnega popra ter dobro premešajte z rokami. Oblikujte kroglice približno enake velikosti kot žogice za namizni tenis. V zelo veliki ponvi s pokrovom segrejte 1 žlico oljčnega olja na zmernem ognju. Polovico mesnih kroglic prepražimo in jih obračamo, dokler ne porjavijo, približno

5 minut. Odstranite, dodajte še 1½ čajne žličke oljčnega olja v ponev in specite drugo serijo mesnih kroglic. Odstranite iz ponve in obrišite.

b) Medtem ko se mesne kroglice kuhajo, v lonec z veliko slane vrele vode stresite fižol in ga blanširajte 2 minuti. Odcedite in osvežite pod hladno vodo. Odstranite lupine s polovice fava fižola in zavrzite lupine.

c) Preostale 3 žlice oljčnega olja segrejte na zmernem ognju v isti ponvi, v kateri ste pekli mesne kroglice. Dodajte timijan, česen in zeleno čebulo ter pražite 3 minute. Dodajte neolupljen fava fižol, 1½ žlice limoninega soka, ⅓ skodelice / 80 ml jušne osnove, ¼ čajne žličke soli in veliko črnega popra. Fižol mora biti skoraj prekrit s tekočino. Ponev pokrijemo in na majhnem ognju kuhamo 10 minut.

d) Vrnite mesne kroglice v ponev, v kateri je fižol. Prilijemo preostalo osnovo, ponev pokrijemo in pustimo vreti 25 minut. Okusite omako in prilagodite začimbe. Če je zelo tekoče, odstranite pokrov in malo zmanjšajte. Ko se mesne kroglice nehajo kuhati, bodo vpile veliko soka, zato se prepričajte, da je na tej točki še vedno dovolj omake. Mesne kroglice lahko zdaj pustite z ognja, dokler jih ne postrežete.

e) Tik pred serviranjem polpete pogrejemo in po potrebi dodamo malo vode, da dobimo dovolj omake. Dodajte preostala zelišča, preostalo 1 žlico limoninega soka in oluplje fava fižol ter zelo nežno premešajte. Postrezite takoj.

83. Jagnječje mesne kroglice z borovnicami, jogurtom in zelišči

Naredi: PRIBLIŽNO 20 MESNIH KROGLIC

SESTAVINE
- 1⅔ lb / 750 g mlete jagnjetine
- 2 srednji čebuli, drobno sesekljani
- ⅔ oz / 20 g ploščatega peteršilja, drobno sesekljanega
- 3 stroki česna, zdrobljeni
- ¾ žličke mletega pimenta
- ¾ žličke mletega cimeta
- 6 žlic / 60 g borovnic
- 1 veliko jajce proste reje
- 6½ žlice / 100 ml sončničnega olja
- 1½ lb / 700 g banane ali druge večje šalotke, olupljene
- ¾ skodelice plus 2 žlici / 200 ml belega vina
- 2 skodelici / 500 ml piščančje juhe
- 2 lovorjeva lista
- 2 vejici timijana
- 2 žlici sladkorja
- 5 oz / 150 g suhih fig
- 1 skodelica / 200 g grškega jogurta
- 3 žlice mešanice mete, cilantra, kopra in pehtrana, grobo natrganega
- sol in sveže mlet črni poper

NAVODILA

a) V veliko skledo dajte jagnjetino, čebulo, peteršilj, česen, piment, cimet, borovnice, jajce, 1 čajno žličko soli in ½ čajne žličke črnega popra. Mešajte z rokami, nato pa razvaljajte v kroglice, velike približno kot žogice za golf.

b) Tretjino olja segrejte na zmernem ognju v velikem loncu z debelim dnom, za katerega imate pokrov, ki se tesno prilega. Vanj položite nekaj mesnih kroglic in jih kuhajte ter obračajte nekaj minut, dokler se ne obarvajo. Odstranite iz lonca in odstavite. Na enak način skuhamo preostale mesne kroglice.

c) Lonec obrišite in dodajte preostalo olje. Dodamo šalotko in jo na zmernem ognju med pogostim mešanjem kuhamo 10 minut do zlato rjave barve. Prilijemo vino, pustimo brbotati minuto ali dve, nato dodamo piščančjo osnovo, lovorjev list, timijan, sladkor ter nekaj soli in popra. Fige in mesne kroglice razporedite med in na šalotko; mesne kroglice morajo biti skoraj prekrite s tekočino. Zavremo, pokrijemo s pokrovom, ogenj zmanjšamo na zelo nizko in pustimo vreti 30 minut. Odstranite pokrov in dušite še približno eno uro, dokler se omaka ne zmanjša in okrepi okus. Okusite ter po potrebi dodajte sol in poper.
d) Prenesite v velik, globok servirni krožnik. Jogurt stepemo, prelijemo po vrhu in potresemo z zelišči.

84. Puranji in bučkini burgerji z zeleno čebulo in kumino

Naredi: PRIBLIŽNO 18 BURGERJEV

SESTAVINE
- 1 lb / 500 g mletega purana
- 1 velika bučka, grobo naribana (2 skodelici / 200 g skupaj)
- 3 zelene čebule, narezane na tanke rezine
- 1 veliko jajce proste reje
- 2 žlici sesekljane mete
- 2 žlici sesekljanega cilantra
- 2 stroka česna, zdrobljena
- 1 žlička mlete kumine
- 1 žlička soli
- ½ žličke sveže mletega črnega popra
- ½ žličke kajenskega popra
- približno 6½ žlice / 100 ml sončničnega olja za praženje

KISLA SMETANA & SUMAK OMAKA
- ½ skodelice / 100 g kisle smetane
- ⅔ skodelice / 150 g grškega jogurta
- 1 žlička naribane limonine lupinice
- 1 žlica sveže iztisnjenega limoninega soka
- 1 majhen strok česna, zdrobljen
- 1½ žlice oljčnega olja
- 1 žlica sumaka
- ½ žličke soli
- ¼ žličke sveže mletega črnega popra

NAVODILA

a) Najprej naredite omako iz kisle smetane, tako da vse sestavine daste v majhno skledo. Dobro premešajte in odstavite ali ohladite, dokler ni potrebno.

b) Pečico segrejte na 425°F / 220°C. V veliki skledi zmešajte vse sestavine za mesne kroglice razen sončničnega olja. Zmešajte z rokami in nato oblikujte približno 18 hamburgerjev, od katerih vsak tehta približno 45 g.

c) V veliko ponev nalijte toliko sončničnega olja, da na dnu ponve nastane plast debeline približno 1/16 palca / 2 mm. Na zmernem ognju segrevajte, dokler se ne segreje, nato pa mesne kroglice v serijah popražite z vseh strani. Vsako serijo kuhajte približno 4 minute in po potrebi dodajte olje, dokler ni zlato rjave barve.

d) Popečene mesne kroglice previdno prenesite na pekač, obložen s povoščenim papirjem, in jih postavite v pečico za 5 do 7 minut ali dokler niso ravno pečene. Postrezite toplo ali pri sobni temperaturi, z omako, prelito čez ali ob strani.

85. Polpettone

Naredi: 8

SESTAVINE
- 3 velika jajca proste reje
- 1 žlica sesekljanega ploščatega peteršilja
- 2 žlici olivnega olja
- 1 lb / 500 g mlete govedine
- 1 skodelica / 100 g krušnih drobtin
- ½ skodelice / 60 g nesoljenih pistacij
- ½ skodelice / 80 g kumaric (3 ali 4), narezanih na ⅜-palčne / 1 cm velike kose
- 200 g kuhanega govejega jezika (ali šunke), narezanega na tanke rezine
- 1 večji korenček, narezan na kocke
- 2 stebli zelene, narezani na krhlje
- 1 vejica timijana
- 2 lovorjeva lista
- ½ narezane čebule
- 1 žlička piščančje osnove
- vrelo vodo, kuhati
- sol in sveže mlet črni poper

SALSINA VERDE
- 50 g ploščatih vejic peteršilja
- 1 strok česna, zdrobljen
- 1 žlica kaper
- 1 žlica sveže iztisnjenega limoninega soka
- 1 žlica belega vinskega kisa
- 1 veliko jajce iz proste reje, trdo kuhano in olupljeno
- ⅔ skodelice / 150 ml oljčnega olja
- 3 žlice krušnih drobtin, po možnosti svežih
- sol in sveže mlet črni poper

NAVODILA

a) Začnite s pripravo ploščate omlete. Stepite skupaj 2 jajci, sesekljan peteršilj in ščepec soli. V veliki ponvi (premera približno 11 palcev / 28 cm) na srednjem ognju segrejte olivno olje in vanjo vlijte jajca. Kuhajte 2 do 3 minute brez mešanja, dokler se jajca ne strdijo v tanko omleto. Odstavimo, da se ohladi.

b) V veliki skledi zmešajte govedino, krušne drobtine, pistacije, kumarice, preostalo jajce, 1 čajno žličko soli in ½ čajne žličke popra. Na delovno površino položite veliko čisto kuhinjsko krpo (morda boste želeli uporabiti staro, ki se je ne mislite znebiti; njeno čiščenje bo rahlo nevarno). Sedaj vzemite mesno mešanico in jo razporedite po brisači ter jo z rokami oblikujte v pravokoten disk, 1 cm debel ⅜ palca in približno 30 krat 25 cm. Robovi krpe naj bodo čisti.

c) Meso pokrijte z rezinami jezika, tako da okoli roba pustite ¾ palca / 2 cm. Omleto narežemo na 4 široke trakove in jih enakomerno razporedimo po jeziku.

d) Dvignite krpo, da boste lažje začeli zvijati meso navznoter z ene od njegovih širokih strani. Nadaljujte z zvijanjem mesa v veliko obliko klobase, pri čemer si pomagajte z brisačo. Na koncu želite tesen, želeju podoben hlebček, z mleto govedino na zunanji strani in omleto v sredini. Hlebček pokrijemo z brisačo in ga dobro zavijemo, da je znotraj zaprt. Zavežite konce z vrvico in vso odvečno krpo potisnite pod hlod, tako da boste na koncu dobili tesno zvezan snop.

e) Sveženj postavite v velik pekač ali nizozemsko pečico. Korenček, zeleno, timijan, lovor, čebulo in osnovo stresemo po štruci in prelijemo z vrelo vodo, da je skoraj prekrita. Lonec pokrijemo s pokrovom in pustimo vreti 2 uri.

f) Štruco vzamemo iz ponve in jo odstavimo, da nekaj tekočine odteče (poširana jušna osnova bi bila odlična jušna osnova). Po približno 30 minutah na vrh položite nekaj težkega, da odstranite več soka. Ko doseže sobno temperaturo, dajte mesno štruco v hladilnik, še vedno pokrito s krpo, da se temeljito ohladi, 3 do 4 ure.

g) Za omako vse sestavine dajte v kuhinjski robot in stepite do grobe konsistence (ali za kmečki videz ročno sesekljajte peteršilj, kapre in jajce ter vmešajte skupaj z ostalimi sestavinami). Okusite in prilagodite začimbe.
h) Za serviranje štruco odstranite z brisače, narežite na 1 cm debele rezine in položite na servirni krožnik. Zraven postrežemo omako.

86. Dušena jajca z jagnjetino, tahinijem in sumakom

Naredi: 4

SESTAVINE
- 1 žlica oljčnega olja
- 1 velika čebula, drobno sesekljana (1¼ skodelice / 200 g skupaj)
- 6 strokov česna, narezanih na tanke rezine
- 10 oz / 300 g mlete jagnjetine
- 2 žlički sumaka, plus dodatek za zaključek
- 1 žlička mlete kumine
- ½ skodelice / 50 g praženih nesoljenih pistacij, zdrobljenih
- 7 žlic / 50 g praženih pinjol
- 2 žlički harissa paste (kupljene ozglej recept)
- 1 žlica drobno sesekljane konzervirane limonine lupine (kupljene v trgovini ozglej recept)
- 1⅓ skodelice / 200 g češnjevih paradižnikov
- ½ skodelice / 120 ml piščančje juhe
- 4 velika jajca proste reje
- ¼ skodelice/5 g nabranih listov cilantra ali 1 žlicaZhoug
- sol in sveže mlet črni poper

JOGURTOVA OMAKA
- ½ skodelice / 100 g grškega jogurta
- 1½ žlice / 25 g tahini paste
- 2 žlici sveže iztisnjenega limoninega soka
- 1 žlica vode

NAVODILA
a) V srednji ponvi z debelim dnom, za katero imate pokrov, ki se tesno prilega, segrejte olivno olje na srednje močnem ognju. Dodamo čebulo in česen ter pražimo 6 minut, da se zmehčata in malo obarvata. Povišajte toploto na visoko, dodajte jagnjetino in dobro prepražite 5 do 6 minut. Začinite s sumakom, kumino, ¾ čajne žličke soli in nekaj črnega popra ter kuhajte še eno minuto. Ugasnite ogenj, vmešajte oreščke, harisso in konzervirano limono ter odstavite.

b) Medtem ko se čebula kuha, na močnem ognju segrejte ločeno majhno litoželezno ali drugo težko ponev. Ko se segreje, dodajte češnjeve paradižnike in jih 4 do 6 minut prežgajte, občasno jih stresite v ponev, dokler na zunanji strani rahlo ne počrnijo. Dati na stran.
c) Jogurtovo omako pripravimo tako, da vse sestavine stepemo s ščepcem soli. Biti mora gosto in bogato, vendar boste morda morali dodati malo vode, če je trdo.
d) Meso, paradižnik in omako lahko pustite na tej stopnji do ene ure. Ko ste pripravljeni za serviranje, ponovno segrejte meso, dodajte piščančjo osnovo in zavrite. V mešanici naredite 4 majhne vdolbinice in v vsako razbijte jajce. Ponev pokrijemo in jajca na majhnem ognju kuhamo 3 minute. Nanj položimo paradižnik, izognemo se rumenjakom, ponovno pokrijemo in kuhamo 5 minut, dokler se beljaki ne skuhajo, rumenjaki pa so še tekoči.
e) Odstranite z ognja in potresite s kockami jogurtove omake, potresite s sumakom in zaključite s cilantrom. Postrezite takoj.

87. Počasi kuhana teletina s suhimi slivami in porom

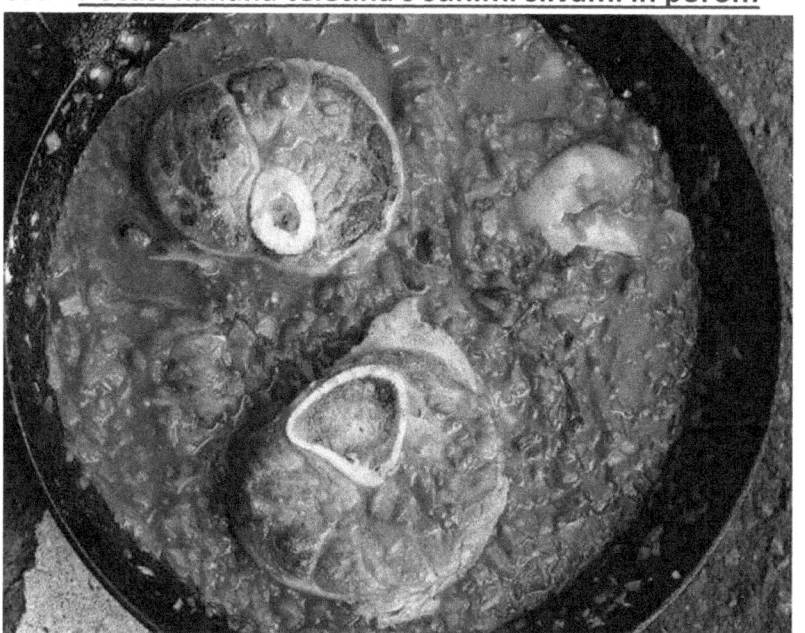

Naredi: 4 VELIKODUŠNO

SESTAVINE
- ½ skodelice / 110 ml sončničnega olja
- 4 veliki osso buco zrezki, na kosti (skupaj približno 2¼ lb / 1 kg)
- 2 veliki čebuli, drobno sesekljani (približno 3 skodelice / 500 g skupaj)
- 3 stroki česna, zdrobljeni
- 6½ žlice / 100 ml suhega belega vina
- 1 skodelica / 250 ml piščančje ali goveje juhe
- ena 400-g pločevinka narezanih paradižnikov
- 5 vejic timijana, drobno narezanih listov
- 2 lovorjeva lista
- lupina ½ pomaranče, v trakovih
- 2 majhni cimetovi palčki
- ½ žličke mletega pimenta
- 2 zvezdasti janež
- 6 velikih por, samo beli del (1¾ lb / 800 g skupaj), narezan na ⅔-palčne / 1,5 cm rezine
- 200 g mehkih suhih sliv brez koščic
- sol in sveže mlet črni poper
- SLUŽITI
- ½ skodelice / 120 g grškega jogurta
- 2 žlici drobno sesekljanega ploščatega peteršilja
- 2 žlici naribane limonine lupinice
- 2 stroka česna, zdrobljena

NAVODILA
a) Pečico segrejte na 350°F / 180°C.
b) V veliki ponvi z debelim dnom na močnem ognju segrejte 2 žlici olja. Telečje kose pražimo 2 minuti na vsaki strani, da se meso dobro zapeče. Prestavite v cedilo, da se odcedi, medtem ko pripravljate paradižnikovo omako.
c) Iz ponve odstranimo večino maščobe, dodamo še 2 žlici olja ter dodamo čebulo in česen. Vrnite se na srednje močan ogenj in

pražite, občasno premešajte in strgajte po dnu ponve z leseno žlico, približno 10 minut, dokler čebula ni mehka in zlata. Prilijemo vino, zavremo in močno kuhamo 3 minute, dokler večina ne izhlapi. Dodajte polovico jušne osnove, paradižnik, timijan, lovor, pomarančno lupinico, cimet, piment, zvezdasti janež, 1 čajno žličko soli in nekaj črnega popra. Dobro premešamo in zavremo. Dodajte koščke teletine v omako in premešajte, da se prekrijejo.

d) Teletino in omako prenesite v globok pekač velikosti približno 13 krat 9½ palcev / 33 krat 24 cm in jo enakomerno razporedite. Pokrijte z aluminijasto folijo in postavite v pečico za 2 uri in pol. Med kuhanjem nekajkrat preverite, da se omaka ne zgosti in ne zažge ob straneh; verjetno boste morali dodati malo vode, da to preprečite. Meso je pripravljeno, ko se zlahka loči od kosti. Teletino dvignemo iz omake in jo damo v veliko skledo. Ko je dovolj hladen, da ga lahko uporabljate, poberite vse meso s kosti in z majhnim nožem postrgajte ves kostni mozeg. Zavrzite kosti.

e) V ločeni ponvi segrejte preostalo olje in na močnem ognju približno 3 minute med občasnim mešanjem dobro pražite por. Z žlico jih prelijemo s paradižnikovo omako. Nato v ponvi, v kateri ste naredili paradižnikovo omako, zmešajte suhe slive, preostalo osnovo ter prevlečeno meso in kostni mozeg ter s tem prelijte por. Ponovno pokrijemo s folijo in kuhamo še eno uro. Ko vzamete iz pečice, poskusite in po potrebi začinite s soljo in še črnim poprom.

f) Postrezite vroče, po vrhu pa po žličkah potresite hladen jogurt in potresite z mešanico peteršilja, limonine lupinice in česna.

88. Hannukah Lamb shawarma

Naredi: 8

SESTAVINE
- 2 žlički črnega popra v zrnu
- 5 celih nageljnovih žbic
- ½ žličke stroka kardamoma
- ¼ žličke semen piskavice
- 1 žlička semen koromača
- 1 žlica kuminovih semen
- 1 zvezdasti janež
- ½ cimetove palčke
- ½ celega muškatnega oreščka, naribanega
- ¼ žličke mletega ingverja
- 1 žlica sladke paprike
- 1 žlica sumaka
- 2½ žličke morske soli Maldon
- 25 g svežega naribanega ingverja
- 3 stroki česna, zdrobljeni
- ⅔ skodelice / 40 g sesekljanega cilantra, stebel in listov
- ¼ skodelice / 60 ml sveže iztisnjenega limoninega soka
- ½ skodelice / 120 ml arašidovega olja
- 1 jagnječja stegna s kostmi, približno 5½ do 6½ lb / 2,5 do 3 kg
- 1 skodelica / 240 ml vrele vode

NAVODILA

a) Prvih 8 sestavin damo v litoželezno ponev in na suhem pražimo na srednje močnem ognju minuto ali dve, da začimbe začnejo pokati in sprostiti svoje arome. Pazimo, da se ne zažgejo. Dodajte muškatni oreščck, ingver in papriko, premešajte še nekaj sekund, da se segrejejo, nato pa prenesite v mlinček za začimbe. Začimbe pretlačimo v enoten prah. Prenesite v srednje veliko skledo in vmešajte vse preostale sestavine, razen jagnjetine.

b) Z majhnim, ostrim nožem na nekaj mestih zarežite jagnječjo nogo in naredite 1,5 cm globoke zareze skozi maščobo in meso, da lahko marinada prodre vanje. Postavite v velik pekač in namažite marinado po vsem jagnjetina; z rokami dobro zmasirajte meso. Pekač pokrijemo z aluminijasto folijo in pustimo stati vsaj nekaj ur ali še bolje čez noč.

c) Pečico segrejte na 325°F / 170°C.
d) Jagnjetino damo v pečico z mastno stranjo navzgor in pečemo približno 4 ure in pol, dokler se meso popolnoma ne zmehča. Po 30 minutah pečenja v ponev prilijemo vrelo vodo in s to tekočino vsako uro polijemo meso. Po potrebi dodajte več vode in pazite, da je na dnu posode vedno približno ¼ palca / 0,5 cm. Zadnje 3 ure jagnjetino pokrijemo s folijo, da se začimbe ne zažgejo. Ko je končano, vzemite jagnjetino iz pečice in pustite počivati 10 minut, preden jo razrežete in postrežete.
e) Najboljši način, da to postrežemo, se po našem mnenju zgleduje po najbolj znani izraelski restavraciji shakshuka (GLEJ RECEPT), Dr Shakshuka, v Jaffi, v lasti Bina Gabsa. Vzemite šest posameznih pita žepkov in jih znotraj izdatno namažite z namazom, ki ga pripravite tako, da zmešate ⅔ skodelice / 120 g narezanih paradižnikov v pločevinkah, 2 čajni žlički / 20 g paste harissa, 4 čajne žličke / 20 g paradižnikove paste, 1 žlico olivnega olja in nekaj soli in poper. Ko je jagnjetina pripravljena, pite segrevajte v vroči ponvi z robovi, dokler ne dobijo lepih sledi na obeh straneh. Toplo jagnjetino narežite in rezine narežite na ⅔-palčne / 1,5 cm trakove. Naložite jih visoko na vsako toplo pito, z žlico prelijte nekaj tekočine za pečenje iz ponve, pomanjšajte in zaključite s sesekljano čebulo, sesekljanim peteršiljem in posipom ruma. In ne pozabite na sveže kumare in paradižnik. To je nebeška jed.

89. Popečen brancin s harisso in vrtnico

Naredi: 2 DO 4

SESTAVINE
- 3 žlice harissa paste (kupljene ozglej recept)
- 1 žlička mlete kumine
- 4 fileti brancina, skupaj težki približno 450 g, oluščeni in brez kosti
- večnamenska moka, za posipanje
- 2 žlici olivnega olja
- 2 srednji čebuli, drobno sesekljani
- 6½ žlice / 100 ml rdečega vinskega kisa
- 1 žlička mletega cimeta
- 1 skodelica / 200 ml vode
- 1½ žlice medu
- 1 žlica rožne vode
- ½ skodelice / 60 g ribeza (neobvezno)
- 2 žlici grobo sesekljanega cilantra (neobvezno)
- 2 žlički majhnih posušenih cvetnih listov užitne vrtnice
- sol in sveže mlet črni poper

NAVODILA

a) Ribe najprej mariniramo. V majhni skledi zmešajte polovico paste harissa, mleto kumino in ½ čajne žličke soli. S pasto namažite ribje fileje in jih pustite 2 uri marinirati v hladilniku.

b) Fileje potresemo z malo moke in otresemo odvečno. V široki ponvi na srednje močnem ognju segrejte olivno olje in pecite fileje na vsaki strani 2 minuti. Morda boste morali to narediti v dveh serijah. Ribe odstavimo, olje pustimo v ponvi in dodamo čebulo. Med kuhanjem mešajte približno 8 minut, dokler čebula ne zlato porumeni.

c) Dodajte preostalo harisso, kis, cimet, ½ čajne žličke soli in veliko črnega popra. Zalijemo z vodo, zmanjšamo ogenj in pustimo, da omaka rahlo vre 10 do 15 minut, dokler ni precej gosta.

d) Dodajte med in rožno vodo v ponev skupaj z ribezom, če ga uporabljate, in rahlo kuhajte še nekaj minut. Okusite in prilagodite začimbe ter nato vrnite ribje fileje v ponev; lahko jih rahlo prekrivate, če se ne prilegajo povsem. Z omako prelijemo ribe in jih pustimo 3 minute segrevati v vreli omaki; če je omaka zelo gosta, boste morda morali dodati nekaj žlic vode. Postrezite toplo ali pri sobni temperaturi, potreseno s cilantrom, če ga uporabljate, in cvetnimi listi vrtnice.

90. Ribji in kaparski ražnjiči z zažganimi jajčevci in limoninimi kumaricami

Naredi: 12 KABABOV

SESTAVINE

- 2 srednje velika jajčevca (skupaj približno 1⅔ lb / 750 g)
- 2 žlici grškega jogurta
- 1 strok česna, zdrobljen
- 2 žlici sesekljanega ploščatega peteršilja
- približno 2 žlici sončničnega olja, za cvrtje
- 2 žličkiHitro vložene limone
- sol in sveže mlet črni poper
- RIBJI ražnjiči
- 14 oz / 400 g fileja vahnje ali katere koli druge bele ribe, brez kože in kosti
- ½ skodelice / 30 g svežih krušnih drobtin
- ½ velikega stepenega jajca iz proste reje
- 2½ žlice / 20 g sesekljanih kaper
- ⅔ oz / 20 g sesekljanega kopra
- 2 zeleni čebuli, drobno sesekljani
- naribana lupinica 1 limone
- 1 žlica sveže iztisnjenega limoninega soka
- ¾ žličke mlete kumine
- ½ žličke mlete kurkume
- ½ žličke soli
- ¼ žličke mletega belega popra

NAVODILA

a) Začnite z jajčevci. Meso jajčevcev opečemo, olupimo in odcedimo po navodilih vPečeni jajčevci s česnom, limono in semeni granatnega jabolkarecept. Ko je meso dobro odcejeno, ga grobo narežite in dajte v skledo za mešanje. Dodajte jogurt, česen, peteršilj, 1 čajno žličko soli in veliko črnega popra. Dati na stran.

b) Ribo narežite na zelo tanke rezine, debele le približno ⅙ palca / 2 mm. Rezine narežite na majhne kocke in dajte v srednje veliko skledo. Dodajte preostale sestavine in dobro premešajte.

Navlažite roke in zmes oblikujte v 12 polpetov ali prstov, vsak po približno 45 g. Razporedite na krožnik, pokrijte s plastično folijo in pustite v hladilniku vsaj 30 minut.

c) V ponev vlijemo toliko olja, da se na dnu naredi tanek film in postavimo na srednje močan ogenj. Kebabe kuhajte v serijah 4 do 6 minut za vsako serijo in jih obračajte, dokler niso obarvane z vseh strani in pečene.

d) Še tople ražnjiče postrezite po 3 na porcijo zraven zažganih jajčevcev in malo vložene limone (pozor, limone ponavadi prevladujejo).

91. Ocvrta skuša z zlato pesno in pomarančno salso

Naredi: 4 KOT ZAČETNIK

SESTAVINE
- 1 žlica harissa paste (kupljene ozglej recept)
- 1 žlička mlete kumine
- 4 fileti skuše (skupaj približno 260 g), s kožo
- 1 srednja zlata pesa (3½ oz / 100 g skupaj)
- 1 srednja pomaranča
- 1 majhna limona, prepolovljena po širini
- ¼ skodelice / 30 g izkoščičenih oljk Kalamata, po dolžini narezanih na četrtine
- ½ majhne rdeče čebule, drobno sesekljane (¼ skodelice / 40 g skupaj)
- ¼ skodelice / 15 g sesekljanega ploščatega peteršilja
- ½ žličke koriandrovih semen, opečenih in zdrobljenih
- ¾ žličke kuminovih semen, opečenih in zdrobljenih
- ½ žličke sladke paprike
- ½ žličke čilijevih kosmičev
- 1 žlica lešnikovega ali orehovega olja
- ½ žličke olivnega olja
- sol

NAVODILA
a) Zmešajte harissa pasto, mleto kumino in ščepec soli ter zmes vtrite v fileje skuše. Postavite v hladilnik, dokler ni pripravljen za kuhanje.
b) Peso kuhajte v veliko vode približno 20 minut (lahko traja tudi dlje, odvisno od sorte), dokler nabodalo gladko ne zdrsne. Pustite, da se ohladi, nato olupite, narežite na ¼-palčne / 0,5 cm velike kocke in položite v skledo za mešanje.
c) Olupite polovico pomaranče in 1 limone, odstranite vso zunanjo peščico, in ju narežite na četrtine. Odstranite sredino sredice in morebitna semena ter meso narežite na ¼-palčne / 0,5 cm velike kocke. Dodajte k pesi skupaj z olivami, rdečo čebulo in peteršiljem.

d) V ločeni skledi zmešajte začimbe, sok preostale polovice limone in olje iz orehov. To prelijemo na mešanico pese in pomaranč, premešamo in po okusu začinimo s soljo. Najbolje je, da salso pustimo stati na sobni temperaturi vsaj 10 minut, da se vsi okusi premešajo.

e) Tik preden postrežemo, segrejte olivno olje v veliki ponvi proti prijemanju na zmernem ognju. Fileje skuše položite s kožo navzdol v ponev in jih kuhajte, enkrat obrnite, približno 3 minute, dokler niso kuhani. Prenesite na servirne krožnike in na vrh položite salso.

92. Polenovke v paradižnikovi omaki

Naredi: 4

SESTAVINE

- 3 rezine belega kruha, odstranjene skorje (skupaj približno 60 g)
- 1⅓ lb / 600 g fileja polenovke, morske plošče, osliča ali polka, odstranjene kože in kosti
- 1 srednja čebula, drobno sesekljana (približno 1 skodelica / 150 g skupaj)
- 4 stroki česna, zdrobljeni
- 30 g ploščatega peteršilja, drobno sesekljanega
- 30 g cilantra, drobno sesekljanega
- 1 žlica mlete kumine
- 1½ žličke soli
- 2 zelo veliki jajci iz proste reje, stepeni
- 4 žlice olivnega olja
- PARADIŽNIKOVA OMAKA
- 2½ žlici oljčnega olja
- 1½ žličke mlete kumine
- ½ žličke sladke paprike
- 1 žlička mletega koriandra
- 1 srednja čebula, sesekljana
- ½ skodelice / 125 ml suhega belega vina
- ena 400-g pločevinka narezanih paradižnikov
- 1 rdeč čili, brez semen in drobno narezan
- 1 strok česna, zdrobljen
- 2 žlički najfinejšega sladkorja
- 2 žlici metinih listov, grobo narezanih
- sol in sveže mlet črni poper

NAVODILA

a) Najprej naredite paradižnikovo omako. V zelo veliki ponvi, za katero imate pokrov, segrejte olivno olje na zmernem ognju. Dodamo začimbe in čebulo ter kuhamo 8 do 10 minut, dokler se čebula popolnoma ne zmehča. Prilijemo vino in dušimo 3 minute. Dodajte paradižnik, čili, česen, sladkor, ½ čajne žličke soli in nekaj črnega popra. Kuhajte približno 15 minut, dokler ni precej gosta. Po okusu prilagodite začimbe in odstavite.

b) Medtem ko se omaka kuha, naredite ribje pogače. Kruh položite v kuhinjski robot in mešajte, da nastanejo krušne drobtine. Ribe zelo drobno sesekljajte in jih položite v skledo skupaj s kruhom in vsem ostalim, razen olivnega olja. Dobro premešajte in nato z rokami oblikujte zmes v kompaktne torte približno ¾ inča / 2 cm debele in 3¼ inčev / 8 cm v premeru. Morali bi imeti 8 tort. Če so zelo mehki, jih damo v hladilnik za 30 minut, da se strdijo. (Mešanici lahko dodate tudi nekaj posušenih krušnih drobtin, vendar to počnite zmerno; pecivo mora biti precej mokro.)

c) V ponvi na srednje močnem ognju segrejte polovico olivnega olja, dodajte polovico kolačkov in pražite 3 minute na vsaki strani, dokler se dobro ne obarvajo. Ponovite s preostalimi kolački in oljem.

d) Pečene torte eno poleg druge nežno položite v paradižnikovo omako; lahko jih malo stisnete, da se vsi prilegajo. Dodajte ravno toliko vode, da so pecivo delno prekrite (približno 1 skodelica / 200 ml). Ponev pokrijemo s pokrovom in dušimo na zelo majhnem ognju 15 do 20 minut. Ugasnite ogenj in pustite, da se pecivo brez pokrova usede vsaj 10 minut, preden ga postrežete toplo ali pri sobni temperaturi, posuto z meto.

93. Ribja nabodala na žaru s hawayejem in peteršiljem

Naredi: 4 DO 6

SESTAVINE

- 2¼ lb / 1 kg čvrstih filejev bele ribe, kot je morska spaka ali morska plošča, oluščenih, odstranjenih kosti in narezanih na 2,5 cm velike kocke
- 1 skodelica / 50 g drobno sesekljanega ploščatega peteršilja
- 2 velika stroka česna, zdrobljena
- ½ žličke čilijevih kosmičev
- 1 žlica sveže iztisnjenega limoninega soka
- 2 žlici olivnega olja
- sol
- rezine limone, za serviranje
- 15 do 18 dolgih bambusovih nabodal, namočenih v vodi 1 uro
- ZAČIMBNA MEŠANICA HAWAYEJ
- 1 žlička črnega popra v zrnu
- 1 žlička koriandrovih semen
- 1½ žličke kuminovih semen
- 4 cele nageljne
- ½ žličke mletega kardamoma
- 1½ žličke mlete kurkume

NAVODILA

a) Začnite z mešanico hawayej. Poprova zrna, koriander, kumino in nageljnove žbice dajte v mlinček za začimbe ali terilnico in obdelajte, dokler niso fino zmleta. Dodajte mlet kardamom in kurkumo, dobro premešajte in prenesite v veliko posodo za mešanje.

b) V skledo z začimbami hawayej dajte ribe, peteršilj, česen, čilijeve kosmiče, limonin sok in 1 čajno žličko soli. Dobro premešajte z rokami in masirajte ribe v mešanici začimb, dokler niso vsi kosi dobro prevlečeni. Skledo pokrijte in v idealnem primeru pustite, da se marinira v hladilniku 6 do 12 ur. Če ne morete prihraniti tega časa, ne skrbite; tudi ena ura bi morala biti v redu.

c) Rebrasto ponev postavite na močan ogenj in pustite približno 4 minute, da se segreje. Medtem na nabodala nataknite koščke rib, po 5 do 6 kosov, pri čemer pazite, da med kosi pustite razmak. Ribe nežno namažite z malo olivnega olja in nabodala v 3 do 4 sklopih položite na vročo rešetko, da niso preblizu skupaj. Na žaru pecite približno 1½ minute na vsaki strani, dokler riba ni ravno pečena. Druga možnost je, da jih spečete na žaru ali pod brojlerjem, kjer bodo za pečenje vzeli približno 2 minuti na vsaki strani.
d) Takoj postrezite z rezinami limone.

94. Frikase solata

Naredi: 4

SESTAVINE
- 4 vejice rožmarina
- 4 lovorjeve liste
- 3 žlice črnega popra v zrnu
- približno 1⅓ skodelice / 400 ml ekstra deviškega oljčnega olja
- 300 g tuninega zrezka v enem ali dveh kosih
- 1⅓ lb / 600 g krompirja Yukon Gold, olupljenega in narezanega na ¾-palčne / 2 cm velike kose
- ½ žličke mlete kurkume
- 5 filejev inčunov, grobo narezanih
- 3 žlice harissa paste (kupljene ozglej recept)
- 4 žlice kaper
- 2 žlički drobno sesekljane konzervirane limonine lupine (kupljene v trgovini ozglej recept)
- ½ skodelice / 60 g črnih oliv, izkoščičenih in razpolovljenih
- 2 žlici sveže iztisnjenega limoninega soka
- 5 oz / 140 g konzervirane paprike piquillo (približno 5 paprik), natrganih na grobe trakove
- 4 velika jajca, trdo kuhana, olupljena in na četrtine narezana
- 2 mladi solati (skupaj približno 140 g), ločeni in natrgani listi
- ⅔ oz / 20 g ploščatega peteršilja, pobranih in natrganih listov
- sol

NAVODILA

a) Za pripravo tunine dajte rožmarin, lovorjev list in poprova zrna v manjšo ponev ter dodajte olivno olje. Olje segrejte tik pod vrelišče, ko se začnejo pojavljati drobni mehurčki. Previdno dodamo tuno (tuna mora biti popolnoma pokrita, če ni, segrejemo še olje in dodamo v ponev). Odstranite z ognja in pustite nekaj ur na stran, nepokrito, nato ponev pokrijte in ohladite vsaj 24 ur.

b) Krompir s kurkumo kuhajte v veliko slane vrele vode 10 do 12 minut, dokler ni kuhan. Previdno odcedite, pazite, da se voda iz kurkume ne razlije (madeže je težko odstraniti!), in dajte v veliko posodo za mešanje. Ko je krompir še vroč, dodajte inčune, harisso, kapre, konzervirano limono, olive, 6 žlic / 90 ml olja za konzerviranje tune in nekaj zrn popra iz olja. Nežno premešamo in pustimo, da se ohladi.

c) Tuno poberemo iz preostalega olja, jo nalomimo na grižljaje in dodamo solati. Dodajte limonin sok, papriko, jajca, solato in peteršilj. Nežno premešajte, poskusite, dodajte sol, če jo potrebujete, in po možnosti še več olja, nato postrezite.

95. Kozice, pokrovače in školjke s paradižnikom in feto

Naredi: 4 KOT ZAČETNIK

SESTAVINE
- 1 skodelica / 250 ml belega vina
- 2¼ lb / 1 kg školjk, očiščenih
- 3 stroki česna, na tanko narezani
- 3 žlice oljčnega olja in dodatek za zaključek
- 3½ skodelice / 600 g olupljenih in narezanih italijanskih slivovih paradižnikov (svežih ali konzerviranih)
- 1 žlička najfinejšega sladkorja
- 2 žlici sesekljanega origana
- 1 limona
- 200 g tigrastih kozic, olupljenih in očiščenih
- 200 g velike pokrovače (če so zelo velike, jih vodoravno prerežite na pol)
- 4 oz / 120 g feta sira, nalomljenega na ¾-palčne / 2 cm velike kose
- 3 zelene čebule, narezane na tanke rezine
- sol in sveže mlet črni poper

NAVODILA

a) Vino dajte v srednje veliko ponev in zavrite, dokler se ne zmanjša za tri četrtine. Dodamo školjke, takoj pokrijemo s pokrovko in kuhamo na močnem ognju približno 2 minuti, občasno stresamo ponev, dokler se školjke ne odprejo. Prenesite na fino cedilo, da se odcedi, tako da v skledo zajamete sok od kuhanja. Zavrzite vse školjke, ki se ne odprejo, nato odstranite preostanek iz njihovih lupin, nekaj pa jih pustite z lupinami, da dokončajo jed, če želite.

b) Pečico segrejte na 475°F / 240°C.

c) V veliki ponvi kuhajte česen na oljčnem olju na srednje močnem ognju približno 1 minuto, dokler ne zlato porumeni. Previdno dodajte paradižnik, tekočino iz školjk, sladkor, origano ter nekaj soli in popra. Limoni odrežemo 3 lupine, jih dodamo in pustimo vreti 20 do 25 minut, da se omaka zgosti. Okusite ter po potrebi dodajte sol in poper. Zavrzite limonino lupino.

d) Dodamo kozice in pokrovače, nežno premešamo in kuhamo le minuto ali dve. Zložite oluščene školjke in vse skupaj preložite v manjši pekač. Koščke fete potopite v omako in potresite z zeleno čebulo. Po želji potresemo z nekaj školjkami v lupini in postavimo v pečico za 3 do 5 minut, da se vrh nekoliko obarva in kozice in pokrovače ravno kuhajo. Posodo vzamemo iz pečice, po vrhu iztisnemo malo limoninega soka in zaključimo s pokapljanjem olivnega olja.

96. Lososovi zrezki v Chraimeh omaki

Naredi: 4

SESTAVINE
- ½ skodelice / 110 ml sončničnega olja
- 3 žlice večnamenske moke
- 4 lososovi zrezki, približno 1 lb / 950 g
- 6 strokov česna, grobo sesekljan
- 2 žlički sladke paprike
- 1 žlica kuminih semen, suho opečenih in sveže mletih
- 1½ žličke mlete kumine
- okrogla ¼ žlička kajenskega popra
- zaokroženo ¼ žličke mletega cimeta
- 1 zeleni čili, grobo narezan
- ⅔ skodelice / 150 ml vode
- 3 žlice paradižnikove paste
- 2 žlički najfinejšega sladkorja
- 1 limona, narezana na 4 rezine, plus 2 žlici sveže iztisnjenega limoninega soka
- 2 žlici grobo sesekljanega cilantra
- sol in sveže mlet črni poper

NAVODILA

a) V veliki ponvi, za katero imate pokrov, segrejte 2 žlici sončničnega olja na močnem ognju. V plitvo skledo stresemo moko, izdatno začinimo s soljo in poprom ter vanjo stresemo ribe. Otresite odvečno moko in ribo pražite minuto ali dve na vsaki strani, da zlato porumeni. Odstranite ribe in ponev obrišite.

b) Česen, začimbe, čili in 2 žlici sončničnega olja dajte v kuhinjski robot in premešajte, da nastane gosta pasta. Morda boste morali dodati še malo olja, da se vse skupaj poveže.

c) V ponev vlijemo preostalo olje, dobro segrejemo in dodamo začimbno pasto. Mešajte in pražite le 30 sekund, da se začimbe ne zažgejo. Hitro, a previdno (lahko se pljune!) dodajte vodo in paradižnikovo pasto, da preprečite kuhanje začimb. Zavremo in dodamo sladkor, limonin sok, ¾ žličke soli in malo popra. Okusite za začimbo.

d) V omako dajte ribo, jo rahlo zavrite, ponev pokrijte in kuhajte 7 do 11 minut, odvisno od velikosti ribe, dokler ni ravno pečena. Ponev odstavimo z ognja, odstranimo pokrov in pustimo, da se ohladi. Ribe postrezite samo tople ali pri sobni temperaturi. Vsako porcijo okrasite s cilantrom in rezino limone.

97. Marinirane sladko-kisle ribe

Naredi: 4

SESTAVINE

- 3 žlice olivnega olja
- 2 srednji čebuli, narezani na ⅜-palčne / 1 cm rezine (3 skodelice / 350 g skupaj)
- 1 žlica koriandrovih semen
- 2 papriki (1 rdeča in 1 rumena), prepolovljeni po dolžini, brez semen in narezani na trakove ⅜ palca / 1 cm široke (3 skodelice / 300 g skupaj)
- 2 stroka česna, zdrobljena
- 3 lovorjev listi
- 1½ žličke karija
- 3 paradižniki, narezani (2 skodelici / 320 g skupaj)
- 2½ žlici sladkorja
- 5 žlic jabolčnega kisa
- 1 lb / 500 g polka, trske, morske plošče, vahnje ali drugih filejev bele ribe, razdeljenih na 4 enake kose
- začinjena večnamenska moka, za posipanje
- 2 zelo veliki jajci, stepeni
- ⅓ skodelice / 20 g sesekljanega cilantra

sol in sveže mlet črni poper

NAVODILA

a) Pečico segrejte na 375°F / 190°C.
b) V veliki ponvi ali nizozemski pečici na srednjem ognju segrejte 2 žlici oljčnega olja. Dodajte čebulo in koriandrova semena ter med pogostim mešanjem kuhajte 5 minut. Dodamo papriko in kuhamo še 10 minut. Dodamo česen, lovorjev list, kari v prahu in paradižnik ter med občasnim mešanjem kuhamo še 8 minut. Dodajte sladkor, kis, 1½ čajne žličke soli in nekaj črnega popra ter kuhajte še 5 minut.
c) Medtem segrejte preostalo 1 žlico olja v ločeni ponvi na srednje močnem ognju. Ribe potresemo z nekaj soli, potopimo v moko, nato v jajca in pražimo približno 3 minute ter jih enkrat obrnemo.

Ribe preložite na papirnate brisače, da vpijejo odvečno olje, nato jih dodajte v ponev s papriko in čebulo, zelenjavo pa potisnite na stran, da ribe sedijo na dnu ponve. Dodajte toliko vode, da se ribe potopijo (približno 1 skodelica / 250 ml) v tekočino.

d) Pekač postavimo v pečico za 10 do 12 minut, dokler ribe niso pečene. Odstranite iz pečice in pustite, da se ohladi na sobno temperaturo. Ribo lahko zdaj postrežemo, vendar je boljša po dnevu ali dveh v hladilniku. Pred serviranjem okusite in po potrebi dodajte sol in poper ter okrasite s cilantrom.

98. Galete z rdečo papriko in pečenimi jajci

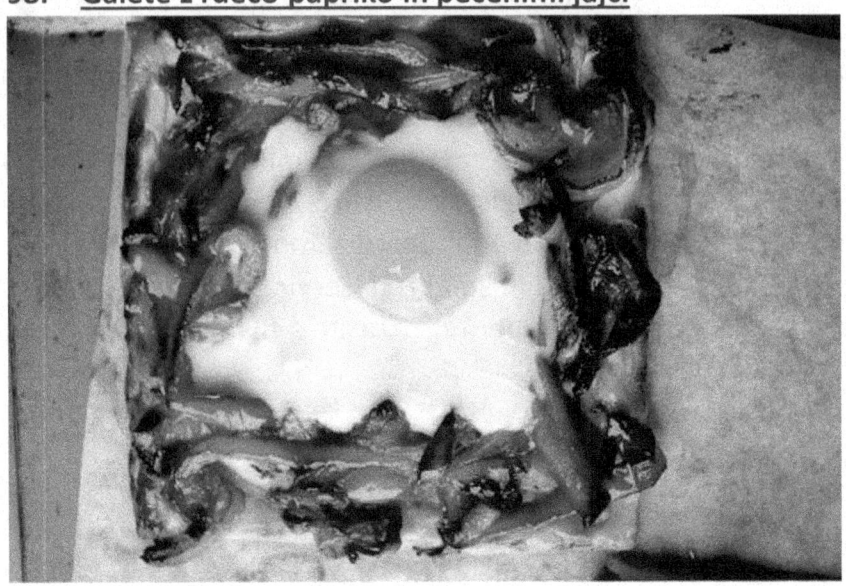

Naredi: 4

SESTAVINE

- 4 srednje velike rdeče paprike, prepolovljene, brez semen in narezane na trakove ⅜ palca / 1 cm široke
- 3 majhne čebule, prepolovite in narežite na kolesca ¾ palca / 2 cm široka
- 4 vejice timijana, nabrane in sesekljane liste
- 1½ žličke mletega koriandra
- 1½ žličke mlete kumine
- 6 žlic oljčnega olja, plus dodatek za zaključek
- 1½ žlice ploščatih peteršiljevih listov, grobo sesekljanih
- 1½ žlice cilantrovih listov, grobo sesekljanih
- 250 g najboljšega maslenega listnatega testa
- 2 žlici / 30 g kisle smetane
- 4 velika jajca iz proste reje (ali 5½ oz / 160 g feta sira, zdrobljenega), plus 1 jajce, rahlo stepeno
- sol in sveže mlet črni poper

NAVODILA

a) Pečico segrejte na 400°F / 210°C. V veliki skledi zmešajte papriko, čebulo, lističe timijana, mlete začimbe, olivno olje in dober ščepec soli. Razporedimo v pekač in pražimo 35 minut, med kuhanjem nekajkrat premešamo. Zelenjava mora biti mehka in sladka, vendar ne preveč hrustljava ali rjava, saj se bo še kuhala. Odstranite iz pečice in vmešajte polovico svežih zelišč. Po okusu začinite in odstavite. Pečico segrejte na 425°F / 220°C.

b) Na rahlo pomokani površini razvaljajte listnato testo v 12-palčni / 30 cm velik kvadrat približno ⅛ palca / 3 mm debel in razrežite na štiri 6-palčne / 15 cm kvadrate. Kvadrate prebodite z vilicami in jih dobro razmaknjene položite na pekač, obložen s peki papirjem. Pustite počivati v hladilniku vsaj 30 minut.

c) Pecivo vzamemo iz hladilnika in ga po vrhu in ob straneh namažemo s stepenim jajcem. Z lopatico ali hrbtno stranjo žlice razporedite 1½ čajne žličke kisle smetane na vsak kvadrat, tako da ob robovih pustite ¼-palčni/0,5 cm rob. 3 žlice poprove mešanice razporedite po kvadratih, prelitih s kislo smetano, tako da robovi ostanejo čisti, da narastejo. Razporediti ga je treba dokaj enakomerno, vendar v sredini pustimo plitvo vdolbinico, kamor bomo pozneje položili jajce.

d) Galette pečemo 14 minut. Pekač vzamemo iz pečice in v vdolbinico na sredini vsakega peciva previdno razbijemo celo jajce. Vrnite se v pečico in kuhajte še 7 minut, dokler se jajca ravno ne strdijo. Potresemo s črnim poprom in preostalimi zelišči ter pokapamo z oljem. Postrezite takoj.

99. HanukaOpeka

Naredi: 2

SESTAVINE
- približno 1 skodelica / 250 ml sončničnega olja
- 2 kroga opečnatega peciva, 10 do 12 palcev / 25 do 30 cm v premeru
- 3 žlice sesekljanega ploščatega peteršilja
- 1½ žlice sesekljane zelene čebule, tako zelene kot bele dele
- 2 veliki jajci proste reje
- sol in sveže mlet črni poper

NAVODILA
a) V srednje veliko ponev nalijte sončnično olje; mora biti približno ¾ palca / 2 cm navzgor ob straneh pekača. Postavite na srednji ogenj in pustite, dokler se olje ne segreje. Ne želite, da je prevroče, sicer se bo pecivo zažgalo, preden bo jajce kuhano; drobni mehurčki se bodo začeli pojavljati, ko doseže pravo temperaturo.

b) Enega od krogov peciva položite v plitvo skledo. (Lahko uporabite večji kos, če ne želite izgubiti veliko peciva in ga napolnite več.) Delati boste morali hitro, da se pecivo ne izsuši in postane trdo. V sredino kroga damo polovico peteršilja in potresemo s polovico zelene čebule. Ustvarite majhno gnezdo, v katerem boste položili jajce, nato pa previdno razbijte jajce v gnezdo. Izdatno potresemo s soljo in poprom ter prepognemo stranice peciva, da nastane paket. Štiri gube se bodo prekrivale, tako da bo jajce popolnoma zaprto. Peciva ne morete zapreti, toda čeden pregib mora zadržati jajce v notranjosti.

c) Paket previdno obrnite in ga nežno položite v olje s tesnilno stranjo navzdol. Pecite 60 do 90 sekund na vsaki strani, dokler pecivo ni zlato rjavo. Beljak mora biti strjen, rumenjak pa še tekoč. Pečen kos dvignite iz olja in ga položite med papirnate brisače, da vpijejo odvečno olje. Med peko drugega peciva naj bo na toplem. Postrezite oba paketa hkrati.

100. Sfiha ali Lahm Bi'ajeen

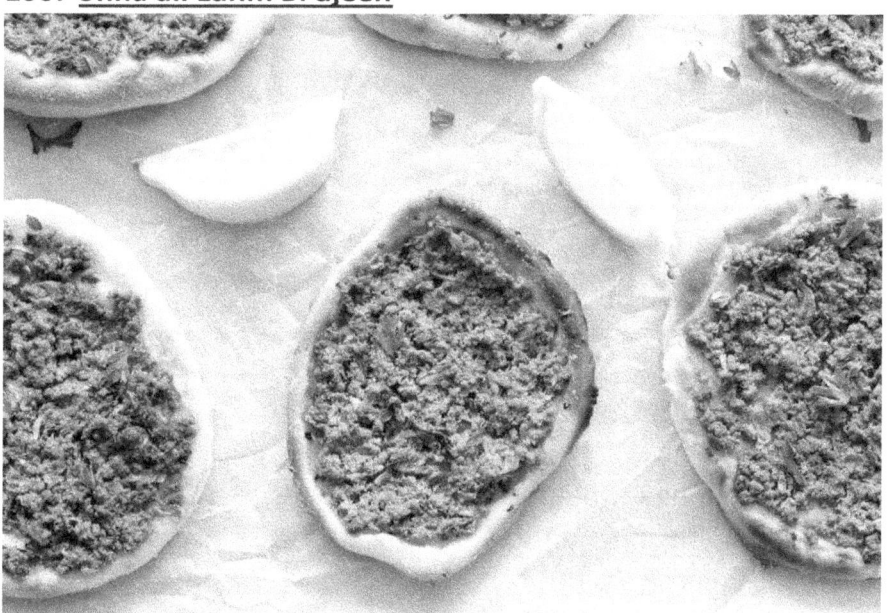

Naredi: PRIBLIŽNO 14 PECIVA

PRELIV

SESTAVINE
- 9 oz / 250 g mlete jagnjetine
- 1 velika čebula, drobno sesekljana (1 zvrhana skodelica / 180 g skupaj)
- 2 srednje velika paradižnika, drobno narezana (1½ skodelice / 250 g)
- 3 žlice svetle paste tahini
- 1¼ žličke soli
- 1 žlička mletega cimeta
- 1 žlička mletega pimenta
- ⅛ žličke kajenskega popra
- 25 g ploščatega peteršilja, sesekljanega
- 1 žlica sveže iztisnjenega limoninega soka
- 1 žlica melase iz granatnega jabolka
- 1 žlica sumaka
- 3 žlice / 25 g pinjol
- 2 limoni, narezani na kolesca

TESTO
- 1⅔ skodelice / 230 g moke za kruh
- 1½ žlice mleka v prahu
- ½ žlice soli
- 1½ žličke hitro vzhajajočega aktivnega suhega kvasa
- ½ žličke pecilnega praška
- 1 žlica sladkorja
- ½ skodelice / 125 ml sončničnega olja
- 1 veliko jajce proste reje
- ½ skodelice / 110 ml mlačne vode
- olivno olje, za ščetkanje

NAVODILA

a) Začnite s testom. V veliko skledo dajte moko, mleko v prahu, sol, kvas, pecilni prašek in sladkor. Dobro premešajte, da se zmeša, nato pa v sredini naredite jamico. V jamico dajte sončnično olje in jajce, nato pa med dodajanjem vode mešajte. Ko se testo združi, ga prestavimo na delovno površino in gnetemo 3 minute, dokler ni elastično in enotno. Damo v skledo, premažemo z olivnim oljem, pokrijemo z brisačo na toplem in pustimo stati 1 uro, takrat naj testo malo vzhaja.

b) V ločeni skledi z rokami zmešaj vse sestavine za preliv razen pinjol in rezin limone. Dati na stran.

c) Pečico segrejte na 450°F / 230°C. Velik pekač obložite s pergamentnim papirjem.

d) Vzhajano testo razdelite na 2-oz / 50 g kroglice; imeti jih morate približno 14. Vsako kroglico razvaljajte v krog s premerom približno 5 palcev / 12 cm in debelino ⅙ palca / 2 mm. Vsak krog z obeh strani rahlo premažite z olivnim oljem in položite na pekač. Pokrijemo in pustimo vzhajati 15 minut.

e) Z žlico razdelite nadev med pecivo in ga enakomerno razporedite tako, da v celoti prekrije testo. Potresemo s pinjolami. Pustite vzhajati še 15 minut, nato pa za približno 15 minut postavite v pečico, dokler ni ravno pečen. Prepričati se želite, da je pecivo ravno pečeno, ne prepečeno; preliv mora biti znotraj rahlo rožnat, pecivo pa zlato na spodnji strani. Odstranite iz pečice in postrezite toplo ali pri sobni temperaturi z rezinami limone.

ZAKLJUČEK

Recepti za hanuko so bistveni del praznovanja tega posebnega praznika. Združijo družine in prijatelje, da uživajo v okusnih, tradicionalnih jedeh, ki se prenašajo skozi generacije. Ti recepti so polni okusa in simbolike, od hrustljavih latkejev do sladkega sufganiyota. Predstavljajo čudež olja, toplino družinskega druženja in veselje ob praznovanju praznika, prežetega s tradicijo. Ne glede na to, ali praznujete Hanuko ali preprosto želite poskusiti nekaj novega, so ti recepti čudovit način, da doživite bogastvo in globino judovske kulture in kuhinje.

www.ingramcontent.com/pod-product-compliance
Lightning Source LLC
LaVergne TN
LVHW021656060526
838200LV00050B/2379